ALÉM DA QUEDA

JULIANO GODOY

ALÉM DA QUEDA

O que perder tudo me ensinou sobre vida, saúde mental e negócios

ALTA BOOKS
GRUPO EDITORIAL
Rio de Janeiro, 2025

Além da Queda

Alta Life é um selo do Grupo Editorial Alta Books (Starlin Alta Editora e Consultoria LTDA.).

ISBN:978-85-508-2622-6

Impresso no Brasil — 1ª Edição, 2025 — Edição revisada conforme o Acordo Ortográfico da Língua Portuguesa de 2009.

Dados Internacionais de Catalogação na Publicação (CIP)
(BENITEZ Catalogação Ass. Editorial, MS, Brasil)

G588a
1.ed. Godoy, Juliano
Além da Queda : o que perder tudo me ensinou sobre vida, saúde mental e negócios / Juliano Godoy. – 1.ed. – Rio de Janeiro : Alta Life, 2025.
208 p.; 15,7 x 23 cm.

ISBN 978-85-508-2622-6

1. Autoajuda. 2. Autoconhecimento (Psicologia). 3. Desenvolvimento pessoal. 4. Resiliência. 5. Superação – Aspectos psicológicos. I. Título.

04-2025/144 CDD 158.1

Índice para catálogo sistemático:
1. Superação : Psicologia 158.1
Aline Graziele Benitez – Bibliotecária – CRB-1/3129

Grupo Editorial Alta Books

Produção Editorial: Grupo Editorial Alta Books
Diretor Editorial: Anderson Vieira
Editor da Obra: J. A. Ruggeri
Vendas Governamentais: Cristiane Mutüs
Gerência Comercial: Claudio Lima

Produtora Editorial: Ana Clara Tambasco
Revisão: Ederli Fortunato e Fernanda Martins
Diagramação: Rita Motta
Capa: Tatiana Paiva

ALTA BOOKS
GRUPO EDITORIAL

Rua Viúva Cláudio, 291 — Bairro Industrial do Jacaré
CEP: 20.970-031 — Rio de Janeiro (RJ)
Tels.: (21) 3278-8069 / 3278-8419
www.altabooks.com.br — altabooks@altabooks.com.br
Ouvidoria: ouvidoria@altabooks.com.br

Editora **afiliada à:**
abdr
ASSOCIADO CBL Câmara Brasileira do Livro

Aos meus pais, Isabel e Vanderlei, por terem me dado tudo o que mais importa: amor.

A Renata, por ter atravessado a estrada do inferno de mãos dadas comigo.

Aos meus filhos, Lucas e Bia. Sempre foi tudo por vocês.

SUMÁRIO

Dor + Reflexão = **PROGRESSO.**

— Ray Dalio

PREFÁCIO

O problema das histórias de sucesso é que, muitas vezes, omitem o mais importante: os erros, tombos e aprendizados — em alguns casos, duros — necessários para chegar até ali. Quando o desfecho é positivo, tendemos a esquecer ou minimizar os percalços do caminho, embora frequentemente eles tenham sido cruciais para o resultado bem-sucedido. O relato de Juliano Godoy, que absorveu minha atenção da primeira à última linha (devorei o livro num fim de semana), destaca-se por trazer verdades geralmente não ditas nos encontros sociais. Ao invés de descrever sua carreira como uma curva ascendente sem desvios, ele aborda ilusões, expectativas, riscos assumidos e sonhos ancorados em fatores externos ao seu controle.

Este livro narra a história de um executivo que perdeu US$2 milhões — praticamente tudo que havia conquistado em sua carreira. Juliano descreve sua trajetória desde a infância até o momento em que, já adulto e sustentando sua família, viu sua dedicação profissional se esvair em investimentos fracassados. Ele também explora como esse episódio abalou sua autoestima e o fez questionar o sentido da vida.

Conheci muitas histórias profissionais semelhantes à de Juliano no início, com finais felizes, ao escrever sobre a Ambev em um livro-reportagem. Mas não ouvi nenhuma como a dele – talvez porque seus protagonistas não vejam mérito em alardeá-las. O valor do relato de Juliano não está apenas na queda, mas, como antecipa o título do livro, no que vai "além" dela. Seu testemunho não é um simples desabafo pessoal ou uma denúncia de culpas externas por suas escolhas. Sua perda é apenas o ponto de partida para reflexões mais profundas que ressoam na vida de muitos de nós: escolhas profissionais, sonhos que frequentemente não se concretizam, a necessidade de recomeçar, momentos

> **FOI ELE, MAS PODERIA TER SIDO EU. VOCÊ. OU QUALQUER UM QUE, POR QUALQUER RAZÃO, ACREDITASSE ESTAR SEGURO, E, COM ISSO, OUSASSE TIRAR OS PÉS DO CHÃO.**

de depressão, e a análise e aceitação da responsabilidade pelos próprios erros ao longo da trajetória.

O livro guia o leitor pela jornada interna que ele percorreu para sair do outro lado desse túnel, utilizando conhecimentos em economia comportamental e psicologia para compreender suas decisões, gatilhos emocionais e, finalmente, perdoar a si mesmo e seguir adiante. Juliano "baixa a bola", deixa de lado as narrativas cuidadosamente elaboradas para impressionar e fala francamente com o leitor. Foi ele, mas poderia ter sido eu. Você. Ou qualquer um que, por qualquer razão, acreditasse estar seguro, e, com isso, ousasse tirar os pés do chão.

Em um mundo onde o sucesso parece reservado a poucos, ele nos mostra que o verdadeiro triunfo está em nossa capacidade de levantar após a queda e transformar as adversidades em oportunidades de crescimento. É um convite para abraçar nossas imperfeições, aprender com nossos erros e seguir em frente com coragem e esperança.

Ariane Abdallah,
jornalista e escritora.

PRÓLOGO

"An old man turned ninety-eight
He won the lottery and died the next day
Isn't it ironic, don't you think?"

Alanis Morissette, Ironic.

"*Não é irônico?*" – pensei enquanto esperava o trem atrás da linha amarela. "Lutei tanto para alcançar meu sonho, e quando acreditei que havia conseguido, ele se esvaiu diante dos meus olhos". Eu estava ao lado do trilho, na ponta dos pés avançando a linha de segurança e testando minha coragem. "A velocidade do trem é suficiente pra me matar? Será que eu pulo agora?". Fechei os olhos, inclinando-me um pouco para a frente, tentando perder o equilíbrio de propósito.

Pela primeira vez eu tinha esses pensamentos. E não me reconhecia neles, sequer me reconhecia em minha própria vida. Os dias se tornaram sombrios depois que perdi tudo o que construí nos últimos vinte anos. Meu mundo se desfez num estalar de dedos e saltar na frente daquele trem parecia a melhor saída para resolver a minha dor.

Havia um enorme contraste entre essa solução e o modo como eu me posicionei durante toda a minha existência. Na fase adulta, eu segui o *script* da maioria das pessoas. Saí da escola, cresci profissionalmente, subi na carreira, comecei uma família, construí meu pé-de-meia, um colchão que me daria a liberdade de um dia fazer o que quisesse. Eu estava no "caminho certo".

Eu tinha muitos motivos para me orgulhar. Renata e eu estávamos casados há quinze anos e construímos uma relação sólida.

Tivemos dois filhos lindos, Lucas e Bia, um cachorro, uma casa confortável, bons carros, férias em lugares bacanas, finalmente pudemos pagar bons restaurantes e ter nossos momentos de lazer. Eu cumpria com louvor todas as exigências para uma vida "bem-sucedida". E, de fato, era assim que eu me sentia, bem-sucedido e feliz. Estava no melhor momento da minha carreira internacional, pois acabara de assumir uma missão empolgante. Além disso, eu finalmente tinha independência financeira, algo que busquei desde o começo, há 20 anos. Nada mal para um menino do interior de Minas Gerais que começou do nada, sonhou grande, trabalhou muito, foi disciplinado, otimista, corajoso e encarou riscos para conseguir o que queria.

No entanto, a vida ensina lições de maneiras muito surpreendentes. Algumas características que me ajudaram a enriquecer também me fizeram destruir o meu patrimônio em uma velocidade ultrassônica. Fiz meu pé-de-meia pelo caminho mais longo e entediante possível: sem herança, sem feijões mágicos, sem esquema louco, obscuro ou ilegal. Apenas a combinação de trabalho duro, uma vida frugal e um golpe de sorte, que foi a oportunidade de trabalhar em um lugar que prometia me enriquecer. E isso aconteceu, mas fiquei muito confiante, segui conselhos terríveis e "brinquei com fogo".

Aos 42 anos eu perdi dois milhões de dólares. Dito de outro modo, **todas** as economias da minha vida. Tomei uma péssima decisão que teve o poder de criar uma espiral descendente. Para onde quer que olhasse, eu só via bagunça: minhas finanças, minha carreira, meu casamento, eu mesmo. Senti que havia falhado miseravelmente. Gastei tanto tempo e energia nos últimos vinte anos, focado em conquistar meus sonhos, que fiquei cego sobre os riscos que estava correndo.

Passei de um pico de euforia para a escuridão mais profunda da depressão. Não só perdi todo o meu dinheiro, mas também o orgulho, a autoestima, o senso de pertencimento e a minha autoconfiança.

> **QUANDO O DINHEIRO NÃO ENTRA PELA PORTA, HÁ O RISCO DE O AMOR SAIR PELA JANELA.**

Pela primeira vez na minha vida, senti medo. Eu não sabia como iria cuidar da minha família, colocar meus filhos na faculdade, ou mesmo se eu estaria por perto para ir à festa de formatura deles. A desestabilização financeira abalou profundamente o meu casamento. Quando o dinheiro não entra pela porta, há o risco de o amor sair pela janela. Minha esposa e eu não sabíamos como navegar naquelas águas. Dissemos coisas um para o outro que não queríamos dizer. A tristeza e o ressentimento não vinham de um lugar de acusação, mas da falta de segurança. A pressão financeira aumentou, combinada com cartas ameaçadoras do banco.

Eu estava envergonhado de ligar para meus pais e contar o que havia acontecido. Mas eles me conheciam melhor e viram minhas olheiras pela falta de sono. Minha mãe podia reconhecer a tristeza no meu rosto nas ligações de final de semana. Por vários meses eu evitei falar sobre o que estava acontecendo. Até que um dia minha mãe exigiu saber o que aconteceu, porque ela sentia que algo estava muito errado. Finalmente disse a ela e ao meu pai que havia perdido todas as economias da minha família. Choramos juntos pelo vídeo, separados por mais de oito mil quilômetros. As lágrimas deles doeram mais que as minhas. Senti como se os tivesse desapontado. Eles se ofereceram para enviar algum dinheiro, o que me fez sentir gratidão e vergonha. Eu recusei. Seria a sentença de morte para o que restava do meu orgulho.

Em público, tentava manter as aparências. Eu saía da cama e ia trabalhar todos os dias. Chorava durante o trajeto, mas me recompunha quando chegava à empresa. Fingia que estava tudo bem e sorria nas fotos do Instagram, temendo perder meu emprego e aumentar os problemas. Acordava no meio da noite encharcado de suor, preocupado com o que ia acontecer. Eu estava destruído e sem esperança.

O vento frio cortou minha pele e me fez voltar os sentidos. O trem se aproximava e eu dei mais um passo em direção à pista. Pensei em minha mãe e meu pai. Pensei na Renata e nas crianças. A multidão começou a me empurrar em direção ao trem, me carregando. Sentei-me no chão, coloquei a cabeça entre as mãos e pensei: “Como diabos cheguei aqui?”.

FACA NO DENTE – DESDE 1977

"Meu peixe grande deve estar em algum lugar".

Ernest Hemingway, *O velho e o mar*

01

Era domingo à noite. Sei disso por conta do programa que passava na TV. Estávamos todos em casa, já de pijama, quando a campainha tocou. Minha mãe foi atender, quando ouviu ao lado de fora do portão: Ö, Isabel, abre o açougue pra mim, estou precisando de um pouco de carne porque estou com visita em casa". Minha mãe se trocou, abriu o açougue e fez a venda. Mesmo hoje, passados tantos anos e eu vivendo em outro país, ainda lembro dessa cena e de como era a vida em Patrocínio, interior de Minas Gerais, onde meus pais estão até hoje.

O açougue ficava ao lado da casa da minha avó materna, onde morávamos. Éramos seis pessoas dividindo dois cômodos. Lá, os pedidos com o açougue já fechado eram recorrentes e minha mãe sempre atendia.

Minha mãe, Isabel, nasceu em Patrocínio e tinha três irmãos. Com a morte precoce do meu avô Claudio, foi criada por um tio e pela minha avó Irineia. Estudou até completar o ensino fundamental e, em seguida, trabalhou em lojas da cidade. O meu pai, José Vanderlei, era o mais velho de seis irmãos e também começou cedo, aos dez anos, quando minha avó Elza descobriu que meu avô, o caminhoneiro Antônio, tinha outra família, então ela se separou. Apesar da pouca idade, mesmo sem querer, ele foi promovido a homem da casa e teve que abrir mão da sua infância. Nascido em Serra Negra, no interior de São Paulo, o jovem Vanderlei foi ajudante em um açougue, até que o dono abriu um novo estabelecimento em Patrocínio. Ele foi junto e assim chegou à cidade onde morei boa parte da infância e na minha adolescência.

Meus pais se conheceram muito jovens. Ele com 16 e ela com 17. Moraram em diversas cidades, tiveram alguns empregos e empreenderam em diferentes setores, até que transformaram um dos cômodos da casa da minha avó materna em um açougue. Quatro meses depois do meu nascimento, em 7 de junho de 1977, minha mãe descobriu um câncer no ovário e precisou remover o tumor de 2,5kg. Entre radioterapia e quimioterapia foram cinco anos de tratamento, em que eu passava grande parte do tempo na casa da minha avó ou aos cuidados dos vizinhos. Foram anos doloridos para ela. Quando fiz sete anos, eles adotaram meu irmão Cláudio Antônio e nossa família cresceu. Minha mãe queria que eu tivesse a companhia de um irmão, mas como não podia mais engravidar, decidiu pela adoção.

A rotina de trabalho sempre marcou a vida dos dois e, consequentemente, a minha. O açougue se tornou o meu espaço. Era onde eu passava meus dias brincando e ajudando nos afazeres da loja, seja na limpeza, nas entregas ou no caixa. Era também onde eu estudava e fazia minhas lições.

Já adolescente, quando voltava da escola, eu assumia o meu posto no caixa do açougue e passava a tarde lá. É claro que nem sempre eu estava disposto, pois queria ficar com os amigos. Mas não tenho dúvida de que aquele espaço despertou em mim o desejo de empreender.

Não recebia salário nem mesada, mas bem cedo busquei formas de ganhar meu próprio dinheiro. Minha primeira ocupação, fora do açougue, foi aos 12 anos, distribuindo panfletos de um cinema local. Como eu tinha que percorrer a cidade de bicicleta para fazer as cobranças, aproveitava o trajeto e distribuía anúncios dos filmes em cartaz pelas ruas. Aos domingos, eu vendia picolé no estádio de futebol, após cumprir meu dever de coroinha na missa das nove com o padre Justino.

Em uma tarde, eu estava jogando videogame na casa de um amigo. Ele tinha a última versão de um Nintendo e, sem conhecer o jogo, perdi todos os rounds das nossas batalhas de *Street Fighter*. Percebi que precisava de mais prática, então pedi o videogame emprestado durante o fim de semana. A resposta dele foi muito peculiar para uma criança: "Não posso emprestar, mas posso alugar pra você".

Minha primeira reação foi pensar que tipo de garoto egoísta e ganancioso alugaria em vez de emprestar seu videogame para um amigo? Mas em seguida me veio à mente uma ideia de negócio. E eu disse a ele: "E se abríssemos uma loja de aluguel de games? Você tem um Nintendo e muitos jogos, e eu tenho um Sony Mega Drive e outros muitos cartuchos. Podemos criar um lugar onde as pessoas possam jogar o que quiserem e pagar por hora". Ele topou sem titubear.

Para colocar nosso negócio em operação, alugamos a garagem do nosso vizinho. Ele fez a gentileza de nos deixar pintar as paredes com Sonic, Mario e outros personagens dos videogames. Era um sonho, quando não estávamos ganhando dinheiro, estávamos jogando. Hoje a ideia não faz sentido, mas eram os anos de 1980 e nós antecipamos o modelo de negócio de uma Lan House, muito antes de existir a internet.

Eu e meu amigo nos revezávamos na locadora. Combinei com minha mãe que ficaria no açougue até às 17h. Voltava da escola, almoçava, trabalhava com meus pais das 13h às 17h, e depois ia para a locadora onde ficava até fechar, às 20h. Já meu amigo cuidava do negócio das 13h às 17h. Além do aluguel por hora, alugávamos cartuchos de jogos por uma noite. A pessoa tinha que devolver até uma da tarde do dia seguinte, quando a locadora abria.

Começamos com dois televisores, dois videogames e cerca de 20 jogos. A notícia se espalhou rapidamente e muitas crianças vinham depois da escola para aproveitar os jogos ou apenas para encontrar os amigos. Começamos a promover competições. Logo conseguimos expandir e, em poucos meses, dobramos nosso pequeno negócio com mais duas tevês, um Nintendo e um Super Nintendo. O negócio estava indo bem, eu passava tempo com as pessoas que eu queria e, além disso, ganhava dinheiro. Eu havia encontrado a intersecção mágica entre fazer o que eu amava e ganhar dinheiro.

A primeira vez encarando o sistema

A nossa empreitada inspirou outras crianças a fazer o mesmo em suas garagens. Logo a cidade foi inundada com espaços como o nosso. Pensávamos que toda aquela competição seria difícil e teríamos que trabalhar mais e ser mais criativos. Mas não tivemos tempo de nos reinventar. Em pouco tempo nos deparamos com um inimigo imbatível.

Muitos pais da cidade ficaram preocupados porque seus filhos passavam muito tempo nas lojas de jogos, gastando dinheiro e indo mal na escola. Alguns deles decidiram acabar com as lojas e levaram o caso à Justiça.

No dia da audiência, alegamos que estávamos dando acesso a jogos que nem todos tinham, promovendo camaradagem e socialização entre as outras crianças. O dinheiro era um subproduto, cabia aos responsáveis dar ou não dinheiro aos filhos e limitar quantas horas eles poderiam passar fora de casa. Mas a sentença do juiz foi dura: "Vocês são crianças e precisam estar na escola. Qualquer pessoa com menos de 18 anos não pode ter uma empresa. Vocês estão proibidos de continuar com esse negócio". O sentimento que eu tive foi de que era muito difícil começar um negócio num país cheio de burocracias, onde o sistema não te incentiva.

Fechamos a locadora com cinco televisores e cinco videogames. Toda grana que ganhamos usamos para comprar mais consoles de jogos, mais cartuchos e até móveis. Fiquei triste por ter que abrir mão de tudo. Um dos adolescentes colocou a locadora no nome do pai e a manteve aberta. Eu cheguei a aventar essa possibilidade, mas meus pais não apoiaram porque nesse período eu recebi a minha primeira nota vermelha na escola. "Você vai ter sua vida inteira para trabalhar e ganhar dinheiro. Por enquanto, foca no estudo", disse meu pai. "A educação é o único tesouro que nunca ninguém vai te tomar", emendou minha mãe. Assim, fechei minha lojinha, separamos os ativos e encerramos as atividades.

INDEPENDÊNCIA FINANCEIRA SIGNIFICA PARA MIM: FAZER AS COISAS QUE ME AGRADAM, COM QUEM EU QUISER E QUANDO EU BEM ENTENDER.

Embora a nossa loja tenha fechado de modo abrupto, o que ficou foi o sentimento de felicidade de estar com meus amigos, jogando videogame e ganhando dinheiro. Acho que foi nesse momento que percebi o que a independência financeira significa para mim: fazer as coisas que me agradam, com quem eu quiser e quando eu bem entender.

Depois da bronca de meus pais deixei meus planos empreendedores adormecidos e passei a me dedicar exclusivamente ao estudo. Durante o ensino médio mudei para uma escola direcionada ao vestibular e minha rotina passou a ser estudo e trabalho no açougue.

A essa altura, minha mãe estava sozinha na loja. Meu pai havia comprado um pequeno sítio e se dedicava ao novo negócio. Eu começava a pensar qual seria minha profissão. Como muitos jovens, eu não tinha a menor ideia do que fazer. Empreender no Brasil há 20 anos era muito arriscado e ainda não era moda. Era até visto como alternativa àqueles que fracassavam ao buscar um emprego em uma grande empresa multinacional. Minha mãe, muito católica, não escondia o desejo de que eu me tornasse padre, mas definitivamente essa não era uma possibilidade. Outra sugestão sua era que eu prestasse concursos para ser funcionário público e ter salário fixo, estabilidade, férias e aposentadoria garantidas. Ela via que os irmãos que escolheram esse caminho tinham uma vida sem altos e baixos como a dela. Mas novamente essa opção não me servia. Já meu pai, queria que eu fizesse medicina porque, para ser respeitado no interior, você tem que ser doutor. Eu não tinha vocação para nenhuma dessas possibilidades.

Depois de pensar muito, decidi ser diplomata e comecei a buscar informações sobre o Instituto Rio Branco[1]. Fiquei empolgado com a possibilidade de morar em outros países e descobrir culturas diferentes. Eu sabia que o mundo era maior do que Patrocínio, e eu queria explorá-lo. Na época não existia o Google e precisei pesquisar em fontes diversas. Descobri que era preciso ter uma graduação superior antes de se inscrever no Rio Branco e que os cursos com maior aceitação eram direito e economia. Optei por economia.

Escolhido o curso, era hora de me dedicar ao vestibular. Queria fazer uma boa faculdade, que me abrisse portas e meus pais queriam que eu fosse para uma instituição gratuita. Escolhi a Universidade Estadual de Campinas (Unicamp). Meu plano era terminar a graduação em quatro anos e me inscrever no Rio Branco. Eu tinha confiança de que conseguiria passar, mas não de primeira. Meus pais achavam que o melhor era a Universidade Federal de Uberlândia (UFU), por ser mais próxima da minha cidade e com uma concorrência menor.

Foi quando propus um trato: se eu entrasse na Federal de Uberlândia, antes de me formar no colegial, meus pais pagariam um ano de cursinho pré-vestibular, caso eu não fosse aprovado na Unicamp no fim do colegial. Fui aprovado no vestibular da UFU no meio do ano e ganhei um voto de confiança. Mas havia uma condição: que eu trabalhasse no sítio todos os dias durante as minhas férias. No final do ano, prestei vestibular apenas na Unicamp e não fui aprovado. Passei as férias inteiras trabalhando diariamente na colheita do milho. Sem dúvida foi um grande aprendizado, mas não vou negar que minha vontade era poder curtir aquele verão com meus amigos que estavam se formando e com malas prontas para sair da cidade.

Disposto a não passar por aquela experiência novamente, estudei como nunca. Mudei para Campinas e frequentava as aulas do cursinho em período integral e, durante a noite, estudava sozinho em casa. Também parei de sair aos fins de semana para estudar. Eu não tinha a opção

......

1 O Instituto Rio Branco (Instituto Rio Branco; Sigla: IRBr) é a escola de pós-graduação diplomática do Brasil, reconhecida internacionalmente como uma das melhores academias diplomáticas do mundo. É a mais antiga escola de governo do país e a terceira mais antiga Instituição de formação diplomática do planeta, localizada em Brasília. O instituto foi criado em 18 de abril de 1945, como parte da comemoração do centenário do nascimento do Barão do Rio Branco, o maior e mais importante diplomata da história do Brasil. O IRBr é administrado pelo Ministério das Relações Exteriores do Brasil. A graduação no IRBr é o único ponto de entrada possível para a carreira diplomática no Brasil. (Fonte Wikipédia).

de errar. E deu certo! Fui aprovado na Unicamp, UFU, Universidade de Brasília (UnB) e Universidade Estadual Paulista (Unesp). No ano seguinte já estava passeando pelo campus. Os quatro anos na Unicamp foram incríveis. Mergulhei de cabeça no mundo estudantil. Fui presidente do centro acadêmico, bolsista da Fapesp, me envolvi em muitos eventos e fundei uma revista para divulgar artigos de graduandos. Adorava esse trabalho e me tornei editor da publicação que se chamava "Formação Econômica".

Aproveitar os quatro anos da faculdade tão intensamente teve um preço. Quando o curso chegou ao fim, vários amigos já estavam fazendo estágio em grandes empresas e eu não. Preocupado, comecei a participar de alguns processos de seleção e buscar oportunidades. Alguns exigiam experiência e inglês fluente e eu não tinha esses pré-requisitos. Eu via os olhos dos recrutadores brilharem quando algum candidato falava sobre a época em que ele era um estudante de intercâmbio na Austrália, quando outro contava sobre o estágio de verão em um banco de investimento em Nova York, ou quando alguém falava sobre os insights adquiridos durante a viagem em família à Disney. Eu era muito jovem e inexperiente para defender a meu favor valores como trabalho duro, determinação, colaboração, liderança, lealdade e família.

Foi então que decidi buscar alguma experiência internacional antes de entrar no mercado de trabalho. Só havia um problema, meu pai ainda estava sofrendo as consequências de um tombo financeiro que o fez perder quase todo seu patrimônio (e marcou muito minha vida), minha família não podia me mandar para fora do país.

Outro tipo de embaixador

Determinado a encontrar um caminho, comecei a procurar bolsas de estudo. Toda semana eu ia ao centro de apoio estudantil e olhava os panfletos afixados na parede. Eu pedia ao pessoal da faculdade para me ajudar e aos meus professores para me orientar. Escrevia cartas e e-mails para instituições que ofereciam qualquer tipo de patrocínio para estudantes. Descobri diversas oportunidades de bolsa, mas a maioria era para pesquisas acadêmicas com compromisso de longo prazo e eu estava procurando algo que durasse de três a seis meses para poder voltar e buscar um emprego.

Era como achar uma agulha no palheiro porque buscava algo muito específico. Procurei por meses. O ano estava prestes a terminar, e o dia da minha formatura estava se aproximando rapidamente. Todos os meus colegas haviam sido contratados ou se candidataram aos cursos de mestrado. Eu era o único com aquela estranha obsessão de tentar um caminho diferente. Estava prestes a desistir, quando decidi ir pela última vez ao centro estudantil em busca de uma bolsa. Lá estava ela. Assim que entrei vi, um pôster azul brilhante com um círculo amarelo no canto superior esquerdo: "Rotary – Embaixador da boa vontade".

Eu sabia que o Rotary oferecia um programa de intercâmbio estudantil para alunos do ensino médio. Tivemos alguns intercambistas na minha cidade natal e minha família até recebeu um por alguns meses. Mas uma bolsa de estudos para alguém já formado era novidade para mim. Ao ler o formulário de inscrição, entendi que o objetivo do programa era promover a compreensão internacional e as relações amistosas entre pessoas de diferentes países e áreas geográficas. O programa patrocinava diversos tipos de bolsas para estudantes de graduação e pós-graduação. Os bolsistas eram chamados de "embaixadores da boa vontade" e, uma vez no país anfitrião, faziam apresentações sobre seus países de origem. Ao voltar para casa, compartilhavam com rotarianos as experiências que viveram.

Aquele panfleto azul foi o passaporte para tudo o que eu queria. Um programa de seis meses, no qual eu poderia morar nos EUA, melhorar meu inglês, vivenciar uma nova cultura e tudo que eu tinha que dar em troca era ir a diferentes lugares para falar sobre o Brasil e, quando voltasse, dividir o meu aprendizado. Com tudo pago – passagem aérea, educação e subsídio para despesas diversas – o momento, a duração do programa e a missão eram perfeitos para o que eu buscava. Havia apenas dois problemas: mais de 1000 pessoas se inscreveram para uma única vaga e o candidato não poderia ser filiado a nenhum Rotary Club para evitar conflito de interesses e nepotismo.

Mais do que o primeiro, o segundo problema era o que me tirava o sono. Meu pai tinha ingressado na entidade há seis meses. Estava gostando das atividades sociais, do jantar semanal para confraternização e do networking com seus novos companheiros.

Mesmo assim, pensei que era minha única chance de fazer meu sonho acontecer. Liguei para ele e disse: "Pai, tenho boas e más notícias. A boa notícia é que encontrei a bolsa de estudos que estava procurando. A má notícia é que você terá que deixar o Rotary". Eu sabia que meu pai nunca comprometeria sua ética. Ele é um homem de palavra, confia nas pessoas à moda antiga e nunca faria nada que pudesse prejudicar sua reputação. Ele ouviu meus argumentos, pois sabia o quanto aquela experiência era importante para mim e respondeu que deixaria a entidade.

Aquela curta conversa telefônica me colocou num dilema. Fiquei me questionando se tinha o direito de pedir que meu pai abrisse mão de algo que o realizava para me dar uma oportunidade. Por outro lado, sua atitude me deu mais uma prova da sua retidão e me ensinou que eu poderia correr riscos e buscar meus objetivos, mas jamais poderia corromper os meus valores. Meu pai abriu mão de algo que ele gostava sem saber se eu seria aprovado. Fez o certo independentemente do resultado. Outro aprendizado foi ver, com muita clareza, até que ponto um pai pode ceder em favor de um filho.

FEZ O CERTO INDEPENDENTEMENTE DO RESULTADO.

Após alguns meses de um processo minucioso, com várias entrevistas, testes e apresentações, em outubro de 1999, recebi um telefonema dizendo que eu havia sido selecionado. Que viram em mim a capacidade de aprender sobre a cultura e os valores americanos e fomentar a colaboração entre as nações. Eles também entenderam que eu poderia fazer um bom trabalho falando sobre nosso país e nossos valores.

Ser aprovado me mostrou que se eu trabalhasse duro o suficiente, poderia alcançar qualquer coisa que desejasse. Pisei em Saint Paul, Minnesota, nos Estados Unidos, em 2 de janeiro de 2000. Naquela época, eu era apenas um entre centenas de alunos internacionais perseguindo um sonho semelhante e meus primeiros dias não foram fáceis. A sensação de vitória deu lugar a um vazio.

Eu estava em outro país pela primeira vez e me sentia sozinho, sem nenhuma rede de suporte, sem família, amigos, namorada, trabalho ou dinheiro. Fui forçado a muita introspecção. Foi difícil me acostumar com a escuridão do dia inteiro. No pico do inverno americano, o sol dava as caras às 9 da manhã e se punha às 4 da tarde. A temperatura de -30°C também era um impeditivo para sair de casa e fazer outras coisas além de ir à escola. Quando não estava na aula, estava em casa, sozinho no meu quarto, olhando para o teto. Naquele tempo as ligações a cobrar eram muito caras. Meu cartão telefônico pré-pago só me permitia uma ligação por semana. Meus filhos cresceram com FaceTime, WhatsApp e iPhone, mas naquela época videochamadas gratuitas só existiam em filmes de ficção científica. Eu também não tinha um computador pessoal. Então, sem nada melhor a fazer, passava o tempo no laboratório de informática da universidade, enviando e-mails para meus amigos e familiares. Em alguns momentos me perguntava o que estava fazendo ali e se não era o caso de desistir.

Apesar dos momentos difíceis, eu estava focado em atingir meu objetivo de melhorar o meu inglês e voltar com um currículo mais atraente pra casa. Foi um período de experiências marcantes. A cada apresentação no Rotary, aprendia mais sobre a cultura americana e sentia mais confiança em falar sobre o Brasil. Mas junto com toda satisfação, havia uma pontinha de culpa. Eu peguei o lugar de outra pessoa? Eu estava certo em pedir ao meu pai para desistir de algo que ele gostava? Diante deste dilema, dei meu máximo para honrar o sacrifício do meu pai, que abriu mão de seus planos para que os meus fossem realizados. Para apaziguar minha dor na consciência, decidi que ganharia dinheiro suficiente para um dia poder retribuir esse benefício e ajudar o Rotary Club a financiar futuros bolsistas.

Quero ser um milionário

Com isso em mente, passei a trocar as visitas ao laboratório de informática pela biblioteca da universidade. Nunca fui grande fã de livros do tipo "Como fazer" e não acreditava em atalhos para nada. Por isso, tinha alguma aversão a livros como "10 passos para se tornar um milionário" ou "perca peso enquanto dorme". Mas quando busquei a prateleira de negócios, um livro me chamou a atenção: *The Millionaire Next Door*[2] *(O Milionário mora ao lado)*, de Thomas J. Stanley e William D. Danko. Sentei-me em um canto e comecei a ler ali mesmo. Fiquei fascinado. Em vez de ensinar a enriquecer, o livro traçava o perfil de várias pessoas que haviam se tornado milionárias. Fiquei surpreso ao saber que 80% dos milionários da América do Norte são ricos pela primeira vez. Isso foi um contraste com o que via no Brasil, um lugar onde a mobilidade social é

......

2 STANLEY, Thomas J.; DANKO, William D. **O milionário mora ao lado:** Os surpreendentes segredos dos ricaços americanos [The Millionaire Next Door]. 1ª edição. São Paulo: Editora Manole, 1999.

muito mais limitada e a maioria da riqueza é passada como herança por gerações. Os próprios autores também ficaram surpresos ao descobrir que os milionários estão desproporcionalmente agrupados em bairros de classe média e não em comunidades mais ricas. Os autores estabeleceram sete traços comuns entre essas pessoas que foram extremamente bem-sucedidas na construção de riqueza. Houve um que me marcou muito, o fato de eles viverem abaixo de suas posses, com muita simplicidade. Para eles, ser frugal era a pedra fundamental da construção de riqueza. Para mim, era um estilo de vida.

Pensei em meus pais em casa. Lembrei de minha mãe citando a Bíblia: "O sábio economiza para o futuro, mas o tolo gasta o que recebe". Recordei todos os sacrifícios que eles fizeram, todas as trocas para proporcionar uma vida melhor para os filhos. Seja minha mãe trabalhando catorze horas atrás do balcão ou meu pai acordando às quatro da manhã para ir à fazenda. Eles me ensinaram como era viver uma vida sem excessos. Eu também entendia o conceito de "gratificação adiada", não só pelo fator de juros compostos que estudei na universidade, mas também pelo que aprendi na prática, ajudando na fazenda. Sabia que primeiro plantamos, depois colhemos. Mas eu não sabia como isso poderia me tornar rico. "Talvez isso só funcione aqui nos EUA", pensei.

A partir daquele momento, fiz um esforço dobrado para conversar com as pessoas durante minhas visitas aos *Rotary Clubs* de Minnesota. Perguntei-lhes o que faziam para viver. Alguns deles eram médicos ou advogados, mas a maioria era empresário. Eles me contaram histórias sobre como começaram seu negócio, como haviam aumentado o número de funcionários e seus planos de expansão. Um deles tornou-se um amigo íntimo e tive liberdade suficiente para lhe fazer perguntas mais pessoais. Um dia, depois de algumas cervejas, perguntei: "Você está prestes a se tornar um milionário?". Para minha surpresa, ele respondeu "Eu já sou". Ele tinha 28 anos.

Ver alguém tão jovem sendo tão bem-sucedido foi a percepção de que a América era a terra das possibilidades e que o "sonho americano" é uma realidade em que é possível prosperar. Em outras palavras, é a crença inabalável de que qualquer pessoa, independentemente de sua origem, pode ter êxito se houver trabalho duro, sacrifício, tomada de risco e determinação. Nada mais importa. Nenhuma força externa. A única coisa entre você e seus sonhos é você mesmo.

> **APESAR DE NÃO PODER ESCOLHER ONDE NASCEMOS, PODEMOS ESCOLHER ONDE VAMOS VIVER.**

Pensei que, se meu pai tivesse nascido nos EUA, ele definitivamente seria um milionário. Com sua rotina e ética de trabalho, não tenho dúvidas de que ele faria muito sucesso. No entanto, apesar de não poder escolher onde nascemos, podemos escolher onde vamos viver. Achei que poderia aplicar esses princípios em minha vida. Se o sucesso é uma consequência do trabalho duro, eu estava pronto para alcançá-lo.

Era hora de voltar para casa. Aprendi muito durante essa temporada nos Estados Unidos e comecei a pensar como eu poderia aplicar todas as lições. Eu não tinha ideia de por onde começar, mas meu sonho era muito claro. Precisava apenas descobrir quais passos eu teria que dar para transformá-lo em realidade.

PONTOS DE AÇÃO

- ☑ **Abrace suas raízes:** Reflita sobre suas experiências de infância e como elas moldaram seu espírito empreendedor. Use esses insights para alimentar sua paixão e determinação.
- ☑ **Busque oportunidades:** Não tenha medo de explorar caminhos não convencionais. Procure oportunidades que se alinhem com seus objetivos e valores, mesmo que pareçam fora de alcance.
- ☑ **Priorize a educação de valor:** Foque no aprendizado e no autoaperfeiçoamento. Invista em sua educação e no desenvolvimento de habilidades para construir uma base sólida para seus empreendimentos futuros.
- ☑ **Persevere nos desafios:** Entenda que contratempos e obstáculos fazem parte da jornada. Use-os como experiências de aprendizagem para se tornar mais forte e resiliente.
- ☑ **Mantenha padrões éticos:** Defenda seus valores e integridade em todas as suas atividades. Lembre-se de que o verdadeiro sucesso é alcançado através da honestidade e do comportamento ético.

PARA REFLETIR

1. **Quais foram os eventos da sua infância que te marcaram e ajudaram a formar seu caráter na vida adulta?**

2. **Você consegue articular seus valores? Liste seus 5 valores principais.**

3. **Que desafios você enfrentou em sua jornada até agora e como eles moldaram seu caráter?**

SUBINDO A MINHA PRIMEIRA MONTANHA

»»

"Um sonho que é grande e desafiador faz todo mundo remar na mesma direção".
"Gente boa, trabalhando junto, faz a firma grande".

Jorge Paulo Lemann

02

Eram dez candidatos a trainee sentados em uma longa mesa com quatro diretores da empresa mais o presidente. Ele olhou meu currículo e perguntou: "Ei, Juliano, vejo que você não tem experiência de trabalho, que só tem bolsa como assistente de pesquisa, mas não fez estágio. Esta informação está errada ou você é preguiçoso mesmo?". Ao ouvir aquilo eu senti o sangue ferver e respondi: "Trabalho desde os sete anos no açougue da minha mãe. Enquanto muitos dos meus amigos aproveitavam a vida, eu trabalhava depois da escola, entregava carne, fazia cobranças e vendia picolés no estádio. Quando me formei no ensino médio, tive que passar o verão inteiro trabalhando na fazenda do meu pai para ajudar a pagar minha faculdade. Entrei na universidade imaginando que teria quarenta anos de trabalho pela frente e só quatro de vida acadêmica, então me dediquei a isso. Se você acha que pesquisa não é trabalho, então eu recomendo que você revise seus conceitos. Pode me chamar de burro, mas não me chame de preguiçoso".

Foi essa resposta atravessada que selou minha entrada na Ambev, que até então era a principal cervejaria do Brasil, e marcaria toda minha jornada profissional.

Eu tinha acabado de voltar dos Estados Unidos e precisava muito de um emprego. Candidatei-me a vagas em diversas empresas e pedi a um ex-colega da faculdade, que trabalhava num grande banco estrangeiro, em São Paulo, que me cedesse seu sofá até que eu arranjasse um trabalho. Era um cara legal e alguém que eu admirava muito porque era inteligente, engraçado, descontraído e estava no caminho certo para o sucesso profissional.

Certo dia, ele me convidou para um almoço com seus colegas de trabalho. Como eu estava procurando emprego, achamos que seria uma boa ideia eu conhecê-los para aumentar minha rede de contato e saber das suas experiências. Mas o convite veio justo num dia em que um deles fazia aniversário e, por isso, foi escolhido um restaurante caro perto da sede do banco, que ficava na Avenida Paulista, o centro financeiro de São Paulo à época.

Para um desempregado como eu, o restaurante era caro. Quando olhei o cardápio, percebi que poderia comer a semana inteira com o preço de uma refeição. Minha escolha, claro, foi a opção mais barata, um macarrão. Já os demais, que não tinham restrições orçamentárias pediram carnes nobres e, como era sexta-feira, algumas garrafas de vinho.

Enquanto eles comiam, conversavam e se divertiam, eu brincava com minha comida e questionava minha decisão de ter ido para os Estados Unidos. Desejei ter ficado para naquele momento ter um emprego e poder pedir o que quisesse. Enquanto divagava com meus pensamentos, alguém gritou: "Ei, aqui está a conta, vamos dividir. "O quê? Você está falando sério? Eu comi macarrão e água, e vocês carne e vinho. Essa divisão não é justa", pensei. Obviamente não iria envergonhar a mim mesmo ou meu amigo na frente de seus colegas de trabalho. Paguei minha parte na conta e passei o resto da semana à base de miojo.

Ainda me lembro da dificuldade que tive para engolir cada garfada daquela refeição. Mal senti o sabor. O que ficou em minha lembrança foi o amargo da minha frustração. Naquele momento, desejei nunca mais viver a escassez. A parte *doce* da história é que aquele episódio me deixou ainda mais determinado a correr atrás de meus objetivos e conquistar a minha riqueza. Encarei como um reforço ao meu desejo de conquistar a independência financeira. Eu só precisava encontrar um lugar onde pudesse realizar meu sonho milionário. Foi assim que a Ambev se apresentou para mim. Mas levou um tempo até que isso acontecesse.

No início, minha preferência era o mercado financeiro, seduzido pelo status que ele me daria, mas me inscrevi para processos seletivos em empresas de vários setores – não dava para correr o mesmo risco de apostar em um único lugar como fiz com a faculdade. Perdi a conta de quantas entrevistas, dinâmicas de grupo e testes eu fiz naquele período. Foram mais de cem. Em todas estava elegantemente vestido com meu único terno, comprado na Lojas Colombo, na esquina da Paulista com a rua Pamplona.

De triturador de papel a trainee

Com muito tempo livre, me especializei em entrevistas de emprego. Estudava a empresa, o balanço, memorizava alguns números importantes, lia as notícias e tentava obter o máximo de informações sobre as companhias. O empenho garantiu minha aprovação em quatro lugares: uma empresa de auditoria, uma instituição financeira, uma montadora e um banco. Escolhi o banco.

A memória daquele almoço no restaurante ainda estava fresca em minha mente. Eu idealizava ternos bonitos, transações financeiras complexas, viagens ao redor do mundo, jantares e bônus gordos. Mas meus sonhos foram dizimados na primeira semana. Fui mandado para uma área de *back-office*. Minha principal tarefa era imprimir todas as transações do dia anterior e depois triturar o papel. Achei que era uma espécie de pegadinha, que era um trote no novo trainee, então perguntei ao meu supervisor "Tem certeza que você quer que eu faça isso? É inútil e estamos desperdiçando muito papel sem um bom motivo". Ele respondeu: "Não se preocupe, garoto, com o tempo você vai se acostumar". Assim percebi que havia feito a escolha errada. Meus sonhos não se encaixavam naquele lugar.

Meu destino começou a mudar quando recebi a ligação de uma recrutadora da Ambev dizendo que eu havia sido aprovado para o painel final do programa de trainee. Foi aí que encontrei o CEO e soltei aquela resposta atravessada. Não sei de onde vieram aquelas palavras. Talvez tenha me permitido retrucar por já ter um emprego e poder correr o risco de não conseguir a vaga. Estava certo que não seria selecionado.

Para minha surpresa, havia sido escolhido. Minha primeira reação foi recusar a vaga, porque estava há poucas semanas no banco, era muito cedo para pedir demissão e mudar de emprego. Mas ela insistiu dizendo que tinham recebido mais de 70 mil inscrições para 25 vagas e eu estava entre os selecionados. "Estamos crescendo muito e vamos crescer ainda mais. Essa empresa é o lugar para estar. Por que você não vem aqui e fala com alguns executivos e ex-trainees?".

Ela estava certa. A Ambev naquele momento era uma empresa recém-criada. Brahma e Antarctica tinham acabado de assinar o contrato de fusão, formando a maior cervejaria do Brasil, que mais tarde seria a maior da América Latina e, em seguida, do mundo. Atualmente a Anheuser-Busch InBev (ABI) controla grandes marcas como Brahma, Antarctica, Budweiser, Skol, Stella Artois e Becks. Mas, naquele tempo, era tudo ambição de um bando de malucos.

Diferentemente de hoje, em que existem excelentes livros sobre a história da companhia, como *Sonho grande*, de Cristiane Correa, e *De um gole só*, de Ariane Abdallah, não havia muita informação disponível sobre a empresa, sua cultura e seus fundadores. A história estava sendo escrita. Ainda assim, descobri que tudo começou com um grande sonho. No início dos anos 1970, Jorge Paulo Lemann e seus dois sócios, Carlos Alberto Sicupira (conhecido como Beto) e Marcel Hermann Telles, fundaram um banco de investimentos chamado "Garantia". Foi a semente do que mais tarde se tornaria uma das empresas mais bem-sucedidas do planeta, que colocou seus fundadores na lista dos homens mais ricos do mundo e fez alguns dos funcionários milionários.

Depois do sucesso com o banco, eles decidiram levar o seu modelo de gestão para outros setores. O primeiro empreendimento foi no varejo, com a compra da Lojas Americanas, em 1982. Sicupira foi o escolhido para sair do banco e administrar a empresa. Foi o embrião do modelo de gestão que, mais tarde, seria replicado para outras empresas. Ao assumir o comando, ele demitiu 40% do quadro de funcionários, cortou regalias de executivos e mudou o sistema de remuneração, instituindo um salário variável com base na performance de cada um e nos resultados da empresa. Uma das frases favoritas de Sicupira era: "custos são como unhas que precisam sempre ser cortadas". Beto era descrito como um *trator*, por causa do seu temperamento intempestivo, mas foi assim que ele transformou a varejista. Durante quase 40 anos, as Lojas Americanas foram referência no mercado brasileiro, até ser envolvida em um dos maiores escândalos contábeis do Brasil, em 2023, e entrar em recuperação judicial.

> **"CUSTOS SÃO COMO UNHAS QUE PRECISAM SEMPRE SER CORTADAS".**

Depois dessa primeira empreitada do trio, havia chegado a hora de fazer algo maior. Em 1989, eles compraram a Brahma, uma cervejaria local brasileira, por US$ 60 milhões. Marcel Telles foi o escolhido para liderar a companhia. Levou 10 anos para o executivo dar seu próximo passo. Seguindo o mesmo padrão "Garantia" de administrar, ele e sua equipe aprenderam sobre o mercado e foram aumentando a rentabilidade do negócio. Em 1999, durante mais uma crise financeira no Brasil, a equipe econômica teve que desvalorizar sua taxa de câmbio. Com isso, muitas empresas que tinham dívidas em dólar ficaram em apuros. Era o caso da Antarctica, principal concorrente da Brahma, que viu seu endividamento chegar a US$ 542 milhões, o equivalente a nove vezes seu fluxo de caixa. Marcel, que tinha como hobby a pesca em águas profundas, *sentiu o cheiro do sangue* e fez uma jogada que mudaria para sempre o cenário corporativo no Brasil e, mais tarde, o mercado de cervejas no mundo: ele orquestrou a fusão com a Antarctica, criando a Ambev, a maior cervejaria do Brasil.

Com os dez anos entre a aquisição da Brahma e a aquisição da Antarctica, Marcel teve tempo para desenvolver a cultura forte, baseada em alguns **pilares**, que foram replicados em todas as companhias adquiridas a partir dali:

- **Meritocracia** – Sei que hoje a discussão sobre a meritocracia é ampla e polêmica. Mas no início dos anos 1990, e do ponto de vista estritamente empresarial, era considerada a forma mais justa de remuneração e promoção. Subiam mais degraus as pessoas que tivessem o melhor desempenho. Eram os números na planilha que decidiam quem avançava para a próxima estação e quem desembarcava do ônibus.
- **Orçamento base zero** – A frase de Telles era: "custos são a única coisa que temos sob nosso controle, portanto, precisavam ser cortados".
- **Espírito de dono** – a empresa defendia que todos os funcionários tratassem cada centavo da companhia como se fosse seu.
- **Partnership** – aqueles que apresentassem o melhor desempenho tinham chance de se tornarem sócios.

Dentro daquela cultura, as pessoas eram genuinamente um componente-chave e um perfil acabou se tornando dominante entre os funcionários: jovens ambiciosos, com brilho nos olhos e vontade de trabalhar duro ao ponto de sacrificar a vida pessoal. Como o próprio Lemann disse: "Gostamos de contratar pessoas com brilho nos olhos e faca nos dentes – aquelas que realmente querem realizar algo".

Havia até uma piada sobre a empresa que dizia que as pessoas que trabalhavam lá eram PHDs: *poor* (pobres), *hungry* (famintas) e *desperate* (desesperadas) para ficarem ricas. Eram pessoas que fariam o que fosse preciso para entregar os resultados e se tornarem sócias para ver a conta bancária engordar. A remuneração variável agressiva se tornou um diferencial da companhia, mas cobrava um preço com longas jornadas de trabalho e pressão para fazer mais, ser mais e entregar mais. "Nunca estamos satisfeitos com nossos próprios resultados" era um mantra interno.

Em dezembro de 2000, meus amigos estavam me chamando de louco por desistir de uma carreira no mercado financeiro para entrar em uma cervejaria local dirigida por um bando de malucos que, além de serem durões, dedicavam sua vida 100% ao trabalho. Para mim, no entanto, era o lugar perfeito. Fiquei feliz em me juntar a eles. Eu era pobre, faminto por aprender e crescer, e definitivamente desesperado para ficar rico. Achei que poderia ajudar a escrever a história, deixar um legado e construir um bom patrimônio. Era tudo o que eu queria naquela época.

Segui o conselho da recrutadora e usei meu horário de almoço para fugir do banco e ir ao escritório deles. O que vi foi um lugar vibrante, animado, cheio de jovens andando de jeans e camisetas com marcas de cerveja estampadas. Eu me senti um estranho com minha roupa de trabalho. Sem pestanejar tirei o paletó e a gravata, pedi para a recepcionista guardá-lo e arregacei as mangas. Conversei com alguns executivos, e todos pareciam muito confiantes, bem-sucedidos e otimistas sobre o futuro da empresa.

Mas nada me influenciou tanto quanto a conversa com dois trainees da turma anterior. Há apenas um ano lá, eles já tinham tantas histórias para compartilhar. Falaram sobre a cultura, o ambiente aberto, o fácil acesso a executivos de alto nível, da liberdade de compartilhar suas ideias e implementá-las se fossem boas. Meus olhos brilharam. Que contraste com a minha vida de triturador de papel.

Disseram-me que não havia plano de carreira; tudo era baseado na "meritocracia". "Se você entregar, você vai crescer. Ninguém vai te segurar. Você não terá que esperar anos até se tornar um sócio". Perguntei o que era ser um sócio e eles me contaram que a empresa era uma *partnership* e que os funcionários com melhor desempenho ganhavam ações da empresa. Com apenas um ano de empresa eles já tinham conquistado esse posto. Aquilo soou como música para meus ouvidos, tudo dependia de mim. O que eu tinha a fazer era trabalhar duro para ser bem-sucedido. Aquele jeito de trabalhar tinha muito mais a ver comigo. Voltei ao banco e pedi demissão.

No processo de trainee, meu primeiro local de trabalho foi a fábrica da empresa em Aracaju. Depois fui a Salvador, trabalhar no centro de distribuição e finalizei o ciclo em São Paulo, no escritório central. Admirei a forma como eles trabalhavam. Para começar, o modelo de remuneração era bem diferente. A Ambev notoriamente pagava um fixo em torno de 20% menor do que o mercado, porque a grande vantagem estava no ganho variável, que poderia ir de dez a vinte salários, dependendo do desempenho individual, da área e da empresa.

Em todo o período no qual estive lá, fiquei apenas dois anos sem bônus porque não batemos o orçamento. Nos demais, recebi a remuneração variável. Além da remuneração, a empresa adotava a metodologia "20-70-10", criada por Jack Welch, executivo da GE, eleito o melhor CEO do último século. Hoje esse modelo vem sendo bastante questionado, mas foi amplamente usado no fim dos anos 1990 e início de 2000 como *benchmark* de gestão. Seguindo a regra, a empresa avaliava e classificava suas pessoas em três grupos: os 20%, que pertenciam ao grupo de grande potencial e eram promovidos; os 70%, que ficavam na média e permaneciam em suas posições; e os 10%, abaixo da média, que precisavam melhorar sua performance ou eram desligados.

A cultura meritocrática era uma das coisas que me motivava. O estímulo para que todos se comportassem como donos e a liderassem pelo exemplo fazia sentido pra mim. Eu gostava de saber como estava em relação aos meus pares, qual era o meu potencial e em que precisava melhorar. A transparência sobre como minha performance era analisada fazia muito sentido pra mim.

A Ambev era um lugar com profissionais muito competentes, que me desafiavam e me estimulavam a ser melhor. Eu era como uma esponja e sugava tudo, queria aprender ao máximo. Quanto mais exigiam de mim, mais eu gostava. Também era uma empresa que realmente apostava nos jovens, e não era daquele tipo que se fica cinco anos em uma função, mais cinco em outra, para quem sabe, depois de quinze anos, conquistar algo. Pelo contrário. Eles apostavam no indivíduo e davam suporte para a evolução constante. Todos tinham oportunidade de experimentar novas áreas. Era possível trocar de emprego sem trocar de empresa. Eu passei por vendas, fui do financeiro, trabalhei em centro de distribuição e na administração central.

Yin Yang

Nessas idas e vindas, fui designado para assumir um posto no centro de serviços compartilhados, em Jaguariúna. Decidi morar em Campinas, pois além de ser próxima de Jaguariúna, era onde tinha feito faculdade e mantinha algumas amizades. Mais uma vez pedi um sofá emprestado a um amigo para economizar no aluguel. Esse amigo era o Ovidio, meu vizinho durante os anos de faculdade. Ele era um cara divertido e adorava festas. Ótimo cozinheiro, sempre convidava os vizinhos de apartamento para almoçar nos fins de semana. O prédio onde ele morava tinha uma pequena piscina e uma churrasqueira em que a maioria dos estudantes universitários e jovens solteiros, em início de carreira, costumava se reunir. Ovidio e eu estávamos conversando, quando ouvimos uma música vindo lá debaixo. Fomos até a pequena sacada para conferir o que estava acontecendo e o pessoal logo gritou "Ovidio! Ovidio! Ovidio!".

Eles nos convidaram para o churrasco. Era um dia quente e não aguentávamos mais ficar trancados no apartamento, então pensamos: "por que não?". Ao chegar eu não estava me sentindo à vontade, os rostos eram tão diferentes. Peguei minha cerveja, estacionei em um canto e comecei a assistir à uma garota cantando no caraoquê. Ela parecia a estrela do lugar. As covinhas em suas bochechas fizeram seu sorriso parecer ainda mais radiante. As pessoas se reuniram ao redor enquanto ela cantava. Era Renata.

O que mais me encantou foi o jeito como ela sorria com os olhos. Me aproximei e fiz uma piada boba. Ela riu de volta. Seus olhos ficaram pequenos e se curvaram na forma de um sorriso. A partir daquele momento, quis que aquele sorriso fizesse parte do meu dia a dia.

Há muitas coisas que eu amo na minha esposa, mas certamente o que mais amo é que ela preenche os meus vazios. Ela é chão; eu sou ar. Ela é extrovertida; eu sou um introvertido. Ela é uma coruja; eu sou um madrugador. Ela fala com qualquer um; eu levo tempo para conhecer as pessoas. Ela é criativa; eu adoro checklists. Ela é adepta do "você só vive uma vez" – YOLO (*You Only Live Once*); eu sou o "medo de estar perdendo algo" – FOMO (*Fear Of Missing Out*). Se fôssemos uma banda, ela seria a vocalista e eu o baixista. Não poderíamos ser mais diferentes, mas juntos somos um. Ela é o yin que equilibra meu yang.

A forma como nos relacionamos com o dinheiro também é completamente diferente. Sempre tive essa mentalidade de escassez. O dinheiro era difícil de ganhar e eu faria qualquer coisa para protegê-lo, para estar pronto para qualquer emergência. No começou fui movido pelo medo. Mas depois, à medida que progredi na minha carreira, o medo deu lugar ao querer sempre mais. Eu nunca me satisfazia com o que eu tinha. Na cultura da empresa em que me formei, éramos todos movidos pelo bônus. Perseguíamos o melhor resultado para ter uma recompensa maior.

> **EU NUNCA ME SATISFAZIA COM O QUE EU TINHA.**

Renata tem uma postura diferente. Ela quer viver aqui e agora. Quer aproveitar o presente, enquanto eu planejo o futuro. Quando começamos a namorar, ela tinha um carro velho e dívidas no cartão de crédito. Um dia ela me perguntou: "Você pode me ajudar? Não sei para onde está indo meu dinheiro". Como um bom namorado, ajudei-a a organizar suas finanças. Em seis meses, ela conseguiu pagar todas as dívidas e comprar um carro novo – à vista.

Quando nos casamos, nós dois trabalhávamos e cultivávamos o hábito de compartilhar sonhos, planos e contas. Poderíamos nos chamar de "casal moderno". No entanto, com minhas constantes mudanças de endereço, nossa parceria ficou comprometida. Formada em engenharia química pela Unicamp, Renata tinha conseguido uma boa colocação numa multinacional na cidade de Sumaré e vinha evoluindo.

Mas apenas um ano depois de me mudar para Campinas, a empresa me transferiu para São Paulo. As cidades estavam a 110 quilômetros de distância e pensamos que poderíamos fazer o relacionamento de longa distância funcionar. Passava as semanas na capital e voltava todas as sextas-feiras para casa. Fizemos isso por dois anos, mas quando decidimos ter filhos, ela pediu para mudar de área e foi para São Paulo trabalhar com vendas.

Em 2006, tivemos Lucas, nosso primeiro filho e depois, em 2008, veio nossa filha Beatriz. A paternidade sempre foi um sonho, algo que eu considerava muito importante. Foi uma chance dar a eles as coisas que eu gostaria de ter tido na minha infância. Na empresa, a gente sempre falava sobre "deixar um legado". Quando eu chegava em casa à noite do trabalho e olhava aqueles olhos inocentes me esperando, eu tinha certeza qual era o verdadeiro legado que eu queria construir e pra quem. Ter Lucas e Bia na minha vida é uma benção tão grande que às vezes me pergunto se mereço.

Estávamos em São Paulo tocando os nossos sonhos até o início de 2009, quando fui transferido novamente para Jaguariúna e a coloquei em uma situação ruim para pedir para voltar. Infelizmente, a empresa para a qual ela trabalhava não tinha como parte de sua cultura mover pessoas entre áreas e cidades a cada dois anos. Este fato a obrigou a fazer uma pausa indesejada em sua carreira. Da noite para o dia, tivemos uma queda de 50% na nossa renda familiar e não estávamos preparados para isso.

Eu me senti culpado pelo que aconteceu. Ela teve que desistir de seus sonhos para que eu pudesse viver os meus. Mesmo a contragosto, suportava todas as nossas mudanças de cidade. Silenciosamente, começamos a ter papéis diferentes em casa: eu trabalhando para garantir o futuro financeiro da nossa família, ela ficando em casa com as crianças, trabalhando na educação deles e fazendo o possível para criar dois seres humanos decentes. Enquanto eu viajava, ela garantia que eles se saíssem bem na escola. Enquanto eu estava ausente, ela estava presente. Minha ausência e culpa me fizeram evitar discutir dinheiro com ela, como fazíamos quando éramos jovens e duros. Tornou-se minha responsabilidade ser o provedor. Paramos de nos sentar à mesa da cozinha para rever despesas e investimentos.

Naquele novo papel, mergulhei ainda mais no trabalho. Eu era um funcionário que realmente vestia a camisa. Praticava a cultura de dono. Quer uma prova? No dia do meu casamento, conversei com todos os garçons e orientei que falassem o nome da cerveja que estavam servindo (Bohemia) e ameacei demiti-los se errassem. Éramos todos fanáticos.

Claro que toda aquela dedicação tinha um preço. Tive de abrir mão de momentos importantes e prazerosos para me dedicar ao negócio. O exemplo mais marcante foi quando meu pai fez cinquenta anos. Era 2007 e ele decidiu fazer uma grande comemoração em Patrocínio. Ele me avisou com muita antecedência dizendo "você tem que vir". Mas na época eu era analista do diretor de vendas e tínhamos uma apresentação para o *board* no mesmo dia. Conversar com meu chefe e dizer que não poderia estar presente porque queria ir à festa do meu pai não era uma opção. Para minha tristeza, ainda não tínhamos à disposição o Google Meets, o Zoom ou qualquer outra ferramenta de acesso remoto. Com o coração apertado disse ao meu pai que não poderia estar presente. E senti muitíssimo.

Os sacrifícios foram recompensados com meu crescimento profissional. O maior reconhecimento veio quando me tornei sócio. Estávamos tendo uma reunião de liderança externa e à noite eles começaram a chamar os novos parceiros no palco. O CEO na época me entregou uma caneca de cerveja com meu nome: "Juliano Godoy – Sócio desde 2008". Fui tomado de alegria e gratidão. Finalmente fazia parte daquele grupo seleto e tive a comprovação de que a promessa de *partnership* não era uma lenda corporativa. Era real e eu havia conseguido. Eu tinha um sentimento de pertencimento e realização que eu nunca tinha tido antes. Eu poderia me ver lá a longo prazo, até que um dia recebi uma ligação inesperada.

Deixando o culto

À medida que a empresa se expandia, a atenção externa também aumentava. Outras empresas viram o sucesso e quiseram copiar a receita da Ambev. Em 2010, a Ambev era a empresa número três em valor de mercado no Brasil, atrás apenas da Vale e da Petrobras e todas as companhias que realizaram grandes movimentos de fusão e aquisição tinham a ambição de se tornarem a Ambev de seus respectivos setores. A companhia se tornara o *benchmark* de uma empresa privada. A BRF tentou fazer isso no mercado de alimentos, a Cogna fez o mesmo com a educação, e a Hypera foi na mesma direção com a indústria farmacêutica. As empresas pensavam que poderiam simplesmente contratar o professor Vicente Falconi[1] para se tornar a nova Ambev.

> **AS EMPRESAS PENSAVAM QUE PODERIAM SIMPLESMENTE CONTRATAR O PROFESSOR VICENTE FALCONI PARA SE TORNAR A NOVA AMBEV.**

Executivos criados na cultura de Jorge Paulo Lemann & cia. tornaram-se muito procurados. Era como se tivéssemos um toque de Midas para transformar em ouro qualquer trabalho que fizéssemos. Entre 2009 e 2010, a economia brasileira estava crescendo e diversos executivos começaram a deixar a empresa na tentativa de replicar suas histórias de sucesso em outros lugares. A maioria das pessoas que seguiu esse caminho pensou que poderia aplicar o estilo de gestão da Ambev e ter sucesso. O que eles não entendiam era que o molho secreto não eram as ferramentas, mas a cultura e as pessoas. E isso aconteceu comigo também. Infelizmente.

......

1 Vicente Falconi (Niterói, 1940) é um consultor em gestão e escritor brasileiro. Graduou-se em Engenharia pela Universidade Federal de Minas Gerais – UFMG (1963) e M.Sc. e Ph.D em Engenharia pela Colorado School of Mines (USA) (1968 e 1972). Foi Professor de Engenharia na UFMG de 1964 a 1992, tendo sido agraciado pela Universidade com o título de Professor Emérito. Trabalhou durante muitos anos com os japoneses da *Union of Japanese Scientists and Engineers* (JUSE) em empresas brasileiras. É sócio-fundador e consultor do FALCONI Consultores de Resultados. Publicou seis livros na área de Gestão Empresarial, que venderam mais de um milhão de exemplares. Ele integrou o conselho de administração da Ambev de 2001 até 2018, contribuindo significativamente com sua experiência em gestão e estratégias de melhoria contínua.

A ligação que recebi foi de uma empresa familiar, gigante no setor de alimentos, que buscava melhorar seus processos e implementar o estilo de gestão da Ambev. A oportunidade parecia incrível e, analisando superficialmente, tinha todos os requisitos necessários. A empresa havia crescido intensamente por meio de aquisições, tinha sinergias para capturar e estava contratando executivos com experiência de mercado para torná-la mais profissional. Fui seduzido pelo desafio. Pareceu-me uma chance de replicar a história da Ambev ali e catapultar minha carreira. Se essa empresa continuasse crescendo como eles me disseram, seria uma oportunidade de aproveitar a onda desde o início e construir meu próprio legado. Além disso, eles me ofereceram um baita salário. Nesse cenário, nada poderia dar errado.

A verdade é que meu sucesso pessoal criou um ponto cego que me impediu de fazer uma avaliação adequada da oferta e equilibrar os riscos. Tudo o que vi foi um salto na minha trajetória profissional, mais dinheiro no bolso e uma chance de construir minha própria história.

Com isso em mente, depois de dez anos, decidi sair da Ambev. Eu achava que estava bem-preparado e tinha as ferramentas necessárias. Foi a decisão mais difícil da minha vida até aquele momento. Quando entreguei minha carta de demissão, fiquei muito emocionado, talvez porque não sabia em que estava me metendo, mas sabia o que estava deixando para trás. Durante minha década lá, eu sempre fui um soldado[2] leal. Vi a empresa conquistar o mundo e me senti parte da história, como se tivesse colocado um pequeno tijolo no legado construído. Enquanto estive lá eu me casei, tive meus dois filhos, mudei de cidade, de cargo e de área, inúmeras vezes. A minha história e a da empresa se entrelaçaram. Eu não sabia onde o trabalho

"EU NÃO SABIA ONDE O TRABALHO PARAVA E MINHA VIDA COMEÇAVA: ERA TUDO IGUAL."

2 Os paralelos com as Forças Armadas eram muito comuns na empresa. Uma das principais habilidades era a disciplina. Tudo era orientado para o processo, havia um manual e um concurso. Outro aspecto que tornava comum as analogias militares era o fato de estarmos sempre "em guerra". Tudo começou com a guerra da Brahma contra a Antarctica ("vamos matar os pinguins" – que era o logotipo e mascote da Antarctica). Mais tarde, em 2003, houve a guerra contra a Schincariol ("guerra contra a 'Xoca'" – apelido interno da Schin, que havia relançado sua cerveja naquele ano sob a bem-sucedida campanha "Experimenta") e a "guerra contra o Boi", o codinome da Itaipava.

parava e minha vida começava: era tudo igual. Eu tinha uma paixão insana pela empresa e suas marcas.

A saída foi difícil, porque eu gostava de lá. Construí amizades, gostava das pessoas, gostava do ambiente. O meu time fez um vídeo de despedida que me emocionou demais. Reuni trezentas pessoas no auditório para comunicar a minha partida e recebi muitos abraços e mensagens que mexeram comigo. Já do lado da chefia não tive a mesma reação. Eles até tentaram me convencer a ficar, mas eu já tinha me comprometido e não ia quebrar minha palavra. Ao verem que não conseguiriam me demover da ideia de sair, me trataram como um traidor. Essa era uma prática comum naquele tempo. Quem saía era visto como aquele que "abandonou o culto" e recebia como despedida uma mensagem do tipo "saia e não olhe para trás". Muita gente que eu admirava disse que eu estava fazendo uma cagada (no bom e velho jeito Ambev de falar) e ia me dar mal. Nenhum deles falou obrigado ou boa sorte.

Desvio de rota e um grande aprendizado

Com a experiência que adquiri eu achava que era um super-herói e meu superpoder era ler as pessoas. Eu iniciava uma conversa de cinco minutos e já sabia se ia gostar da pessoa ou o que ela pensava sobre mim, e até mesmo qual seria o futuro do nosso relacionamento. Acreditei que tinha a capacidade de ver a verdade por meio de qualquer palavra que me dissessem.

Mais tarde, aprendi que não tinha superpoderes, nem fui abençoado por decifrar as pessoas. Era meu subconsciente sofrendo de todos os tipos de **vieses cognitivos**[3]. Experimentei alguns deles no meu primeiro dia no novo emprego. Fui chamado ao escritório da "esposa do dono" e fui interrogado por ela. Não tinha problemas em ser interrogado e ter conversas difíceis, porque cresci em um ambiente muito competitivo. Mas a forma como isso aconteceu, o tom, as acusações e as dúvidas sobre meu caráter e minha capacidade fizeram meu estômago pegar fogo. Para complicar as coisas, ela não tinha um cargo oficial na empresa, mas estava dando ordens. "Não era uma boa prática de governança", pensei.

......

[3] Uma lista completa de vieses cognitivos, você pode conferir aqui: <en.wikipedia.org/wiki/List_of_cognitive_biases>.

Quando saí da sala, eu já sabia que tinha cometido um erro. Senti-me ridicularizado e desrespeitado pela forma como fui tratado, impotente, porque aquele tipo de tratamento vinha do topo e eu sabia que não havia nada que pudesse fazer para mudar. Enquanto dirigia meu carro a caminho de casa, só conseguia sentir arrependimento (o pessoal da Ambev estava certo). Mas sabia que não podia ser precipitado, afinal, era apenas o primeiro dia. Talvez eu estivesse apenas sofrendo de **viés de confirmação**, aquele que nos faz confiar demais em nossas crenças e só vê evidências que confirmam nossa tese. Para mim, nesse caso, foi algo como "ela está me testando. Ela sabe que eu vim de uma grande empresa e eu vou provar que ela está errada". Mas também fui inundado pelo **viés da negatividade** me dizendo: "Você sabe que estragou tudo. Você nunca deveria ter trocado a Ambev por esses caras. Você arruinou sua carreira e terá que começar de novo".

Foi preciso pouco tempo para que eu me desse conta de que o pensamento correto era o segundo. Consegui ficar lá por dois anos, tentando fazer dar certo, esperando que as coisas mudassem, melhorassem e eu pudesse pôr em prática o que fui contratado para fazer. Mas pouco a pouco a empresa foi minando meu setor e diminuindo minhas responsabilidades. As promessas feitas quando fui contratado foram caindo, uma a uma. O projeto, que era para ser global, virou local e depois apenas para uma das divisões de negócio. Em pouco mais de um ano eles resolveram mudar de ideia e cancelaram o projeto para o qual fui contratado. Tive que demitir todos os profissionais que trouxe comigo de outras empresas. Foi um golpe duro pra mim, porque eu me sentia responsável pela carreira daquelas pessoas e sentia que ficaram desapontados. Tudo isso foi destruindo minha confiança e autoestima.

A gota d'água foi quando eu estava tendo uma discussão com "a esposa do dono" sobre um processo a ser alterado e tínhamos pontos de vista diferentes. Depois de um longo vaivém com argumentos de cada lado, eu disse: "É assim que eu faria isso. Pensando como dono, essa é a melhor escolha". Ela me respondeu sem hesitar: "Juliano, deixe-me ser muito clara com você. Esta empresa tem apenas um dono e não é você". Essa frase foi o fim da discussão e também o fim da minha carreira lá. Não só porque ficou muito claro que eu não era a pessoa certa para aquele tipo de cultura "Faça o que eu

> **"ESTA EMPRESA TEM APENAS UM DONO E NÃO É VOCÊ."**

> **DECISÕES NÃO PODEM MAIS SER TOMADAS À MESA DO JANTAR, E SIM, EM REUNIÕES COM A DIRETORIA.**

estou mandando", mas também porque aquele lugar era uma antítese de tudo o que aprendi e valorizei: cultura de dono, meritocracia, liderança pelo exemplo, foco nas pessoas, autonomia, informalidade e integridade.

Tudo o que eu sabia era que não poderia ficar mais lá, apesar de todo o esforço que fiz para que desse certo. As lições que aprendi, no entanto, deixaram marcas indeléveis na minha carreira, na minha vida pessoal e na forma como trato as pessoas. Hoje, acredito que subestimei o tamanho do desafio que um choque de culturas representa. Talvez tenha sido muito otimista em achar que conseguiria implementar o meu modo de pensar em outra empresa. Por outro lado, este é um dos principais desafios de uma empresa familiar. Mudar é difícil para todo mundo, especialmente para quem criou seu negócio do zero, fazendo as coisas do seu jeito. Reconhecer a necessidade de considerar outras opiniões, delegar e confiar a direção de seu negócio a terceiros é uma grande mudança porque as decisões não podem mais ser tomadas à mesa do jantar, e sim, em reuniões com a diretoria. Definitivamente, eu e a empresa não compartilhávamos os mesmos valores.

Quando o cavalo selado passou por mim mais uma vez

Depois de sair daquele lugar, precisava recomeçar minha carreira, então calcei a sandália da humildade e mandei um e-mail para uma pessoa do alto escalão da ABI. A empresa tinha uma política de não recontratar pessoas que pediam para sair. Felizmente os tempos haviam mudado e eles me receberam para uma conversa.

Naquele momento, em 2013, o 3G, *private equity* iniciado por Jorge Paulo Lemann, Marcel Telles e Beto Sicupira, estava se expandindo nos Estados Unidos. Eles precisavam de pessoas que conhecessem a cultura e o estilo de gestão para implementar a cartilha nas novas empresas que adquiriram. O Burger King foi seu primeiro empreendimento nos EUA e outros estavam por vir. Achei que poderia ajudar de alguma forma e, ao mesmo tempo, colocar minha vida nos trilhos após o desastre anterior. Mas estava com medo de que não me aceitassem de volta.

Para minha surpresa, consegui uma entrevista com Beto Sicupira, um dos três fundadores. Eu estava feliz, por ter uma nova chance, e ao mesmo tempo assustado. Estava amedrontado porque conhecia a reputação dele nas Lojas Americanas e não tinha ideia de como seria esse encontro. Ele entrou vestindo jeans, camisa polo, tênis e uma mochila nas costas. Parecia ter acabado de sair de uma aula da faculdade. Eu estava pronto para ser frito, mas não sei se ele amoleceu com o tempo ou se eu tive a sorte de encontrá-lo num dia bom.

> **"A GRANDE LIÇÃO A SER APRENDIDA É QUE VOCÊ NÃO PODE MUDAR A CULTURA DE UMA EMPRESA".**

Eu estive com um cavalheiro, um homem que realmente ouviu minha história. Ele percebeu que eu tinha alguns pontos fracos e estava disposto a me ajudar. Os trinta minutos com ele serão algo que guardarei para sempre. Acho que sua pergunta mais difícil foi: "O que você aprendeu com essa experiência?". Eu pensei por um momento e respondi: "E deveria ter feito uma *due diligence* melhor, deveria ter avaliado melhor os riscos, deveria ter falado com mais pessoas". "Acho que você não aprendeu nada", disse ele. "A grande lição a ser aprendida é que você não pode mudar a cultura de uma empresa".

Conversamos um pouco mais e ele disse que me conectaria com pessoas em Nova York que estavam "trabalhando em algo". Agradeci, me levantei e já ia sair quando ele me falou: "Ei, garoto, se isso funcionar para você, não vai fazer merda de novo, hein? **Um cavalo selado só passa uma vez.** Se você tiver a sorte de conseguir um segundo, não deixe ele passar".

Eu estava determinado a não fazer isso. Agarraria aquele cavalo com unhas e dentes. Depois dessa entrevista, tive várias outras com o time do *private equity*. Como existiam várias regulamentações e acordos de confidencialidade, eles não puderam me dizer qual era a oportunidade, onde estava, o segmento, nada. Só me restava confiar no processo.

Então, finalmente recebi uma ligação em uma quarta-feira à noite, em fevereiro de 2013:

— Juliano, precisamos de você aqui em Nova York na segunda.

— Segunda-feira? Para fazer o quê?

— Não posso dizer. Estamos no meio de uma operação e precisamos de ajuda. No final, pode haver alguma coisa pra você.

> EU PENSEI QUE ESTAVA VOLTANDO PARA CASA, MAS NÃO ERA EXATAMENTE EM CASA.

— Espere, pode me dizer ao menos o segmento? A localização? Minha posição? Meu salário?

— Não. Não posso. Ou você vem e confia em nós, ou não. Você está dentro ou está fora?

Dez mil sentimentos passaram pelo meu corpo naqueles breves segundos. Eu estava com medo, nervoso, inseguro. Mas eu também estava animado, agradecido, esperançoso e curioso. Voltei aos meus sentidos e disse de todo o coração:

— Sim, estou dentro.

Eu pensei que estava voltando para casa, mas não era exatamente em casa.

PONTOS DE AÇÃO

- ☑ **Seja resiliente:** aceite desafios e contratempos como oportunidades para crescer. Use-os para fortalecer sua determinação e resiliência.
- ☑ **Cultive Relacionamentos:** Valorize e mantenha boas relações com colegas, mentores e pessoas da sua rede de contatos, pois eles podem ser essenciais em sua jornada profissional.
- ☑ **Conheça o seu valor:** defenda você mesmo e suas experiências. A confiança em suas habilidades e sua história é crucial para causar uma forte impressão.
- ☑ **Adapte-se e aprenda:** melhore continuamente suas habilidades e conhecimentos. Mantenha-se informado sobre o seu setor e esteja pronto para se adaptar a novas situações.
- ☑ **Abrace as mudanças:** Seja flexível e esteja disposto a mudar de direção se necessário. Às vezes, o caminho mais improvável pode levar ao maior sucesso.

PARA REFLETIR

1. **Quais foram os sacrifícios pessoais que você fez em benefício da sua carreira? Olhando em retrospectiva, faria algo diferente?**

2. **Qual o seu processo para tomada de decisão? Como você considera os riscos e os retornos?**

3. **Você consegue reconhecer o fator "sorte" no seu sucesso pessoal ou profissional? Quais foram os "cavalos selados" que passaram à sua frente?**

A RELAÇÃO COM O DINHEIRO

"O dinheiro não é tudo. Certifique-se de que ganha muito antes de dizer tais disparates"

Warren Buffett

03

Eu estava perseguindo meu pai pelo açougue, pedindo dinheiro para ir à padaria do outro lado da rua e comprar alguns doces.

— Não vê que estou ocupado trabalhando?

— Mas, pai, eu só quero comprar alguns doces.

— Eu não posso te levar agora. Há muitos clientes na loja.

— Eu vou sozinho, apenas me dê algum dinheiro.

— Eu não vou te dar dinheiro. Se você quiser comprar doces, faça seu próprio dinheiro e compre quantos doces quiser.

— Mas pai, como vou ganhar dinheiro ficando aqui o dia todo?

Ele se ajoelhou, me olhou nos olhos e com as duas mãos em meus ombros e disse:

— Vamos fazer o seguinte: eu preparo os pacotes, e você vai para o outro lado do balcão e entrega aos clientes. Agradece e pergunta se eles precisam de algo mais. Se receber alguma gorjeta, pode ficar com ela.

Vi um pacote pronto na mesa, peguei e já ia saindo correndo quando meu pai gritou:

— Ei, volte. Primeiro, deixa eu te arrumar.

Ele esfregou as mãos em um grande pedaço de carne e as limpou em minha camiseta.

— Se você aparecer assim, pode ser que os clientes pensem que você está trabalhando duro e merece uma gorjeta.

Sem esconder o sorriso no rosto, peguei o pacote e corri para entregá-lo a uma senhora. Ela pegou o pacote e me deu um tapinha na cabeça dizendo "que garotinho fofo". Mas dinheiro mesmo, nenhum.

— Pai, sua ideia não funcionou. Ela só mexeu no meu cabelo. Não vou mais fazer isso.

— Este foi apenas seu primeiro cliente. Você tem que continuar.

Então, eu peguei o próximo pacote que ele tinha preparado e levei a uma moça empurrando um bebê em um carrinho. Ela pegou o pacote, colocou na bolsa e me deu algumas moedas. Agradeci e voltei correndo em busca de mais embrulhos.

A partir daquele momento não deixei mais ninguém fazer as entregas. Corri o dia todo de um lado para outro do balcão. Algumas pessoas não davam dinheiro nem diziam nada; outras apenas me davam tapinhas na cabeça ou nas costas; mas ganhei algumas gorjetas.

No final do dia, tinha o suficiente para os doces de uma semana inteira. Minha mãe e meu pai estavam fechando o açougue e ele me perguntou:

— Vamos à padaria comprar seus doces?

Suspirei e disse:

— Não, vamos para casa. Estou muito cansado. Vou comprar meus doces amanhã.

Essa é a primeira lembrança que tenho da minha infância. Eu devia ter cinco ou seis anos. Com certeza menos de sete, porque nos mudamos de São Paulo para Patrocínio quando eu tinha essa idade. Minha mãe e meu pai eram donos de um açougue na capital paulista, onde eu passava boa parte do tempo. Às vezes, acho que praticamente nasci lá, porque ouvia histórias de que pequenininho eu dormia em uma caixa debaixo da mesa enquanto meus pais atendiam os clientes. Tenho lembranças de estar correndo para cima e para baixo na loja, teimando em brincar com as facas.

Meus pais sempre me deram o melhor que podiam e eu tinha tudo o que importava: amor, apoio, comida, educação. Fizeram tudo para que eu cursasse uma ótima faculdade. Não poderia ter tido mais sorte de nascer nesta família, e o exemplo que eles me deram é inigualável. A determinação, a resiliência, o amor e a parceria para superar todos os obstáculos que enfrentaram são uma inspiração. Hoje tenho noção de que os esforços que meus pais fizeram para romper as barreiras socioeconômicas e dar um salto de classe social foi infinitamente maior do que eu precisei fazer. Sair de onde saíram para chegar onde chegaram, exigiu um sacrifício enorme e foi a base para que eu pudesse dar os passos que dei. Eu estou apoiado sobre os ombros de gigantes.

No entanto, a criação que recebi moldou minha forma de encarar o dinheiro. Se eu nunca precisei trabalhar para colocar comida na mesa, também meus desejos não eram realizados "só porque eu queria". Eles sempre tentavam me ensinar que nada vinha de graça. Em minha memória tenho a sensação de que estávamos sempre vivendo em escassez. Frases como "dinheiro não dá em árvore", "você acha que eu tenho a galinha dos ovos de ouro" ou "na volta a gente compra" — e nunca comprávamos, eram frequentes na minha casa. Perdi a conta de quantas vezes vi o olhar de frustração da minha mãe por querer comprar alguma coisa que achava que não podia ter. Eu a via namorando um vestido na vitrine das lojas e quase podia ouvir seu pensamento: “Eu poderia usar um vestido novo naquela festa”. Depois de alguns segundos, ela franzia a testa, engolia seco e dizia: “Vamos embora”. Eu perguntava: “E o vestido?”, ela dizia: “É caro e eu não preciso disso”.

Já meu pai contou durante toda minha infância e adolescência que tinha apenas dez anos quando assumiu a responsabilidade de um homem adulto, cuidando de seus cinco irmãos sem nenhum apoio financeiro, depois que meu avô abandonou a família. Todos os seis dormiam juntos, empilhados em um quarto. Só podiam comer carne um dia por semana. Ele trazia essas memórias, porque queria que meu irmão e eu fôssemos gratos pelo que tínhamos. A lição sempre foi: trabalhe duro, economize o quanto puder para os dias chuvosos e ajude o próximo. Um dia a recompensa virá; tenha paciência.

As atitudes deles despertaram meu lado empreendedor. Me levaram a vender sorvete durante as partidas de futebol, a distribuir panfletos para o cinema da cidade e a criar minha empresa de videogame, como contei anteriormente. Por outro lado, criaram um efeito colateral em meu subconsciente. Eles sempre repetiam que o dinheiro não é importante e sempre foi associado a algo escasso, difícil de obter e pagamos um preço alto para enriquecer. Como diria minha mãe, “é mais fácil um camelo passar pelo buraco de uma agulha do que um rico entrar no Reino de Deus”. E, na visão pragmática do meu pai, “dinheiro atrai mais dinheiro”.

Entendi logo cedo que a obrigação vem antes do prazer. Assisti, durante toda minha vida, a duas pessoas dando o máximo de si o tempo todo para no futuro poderem usufruir. Aos poucos fui me encaixando no modelo “fazer alguma coisa; ter coisas; ser alguém”, como se houvesse uma correlação direta entre uma e outra. Como causa e efeito. Mesmo que inconscientemente, tornei-me escravo do meu sonho de liberdade. Entrei na ciranda em que se encontram muitos seres humanos: ir para a faculdade, conseguir um emprego, casar, ter filhos, pagar a faculdade, vê-los se casar, se aposentar, morrer.

> **TORNEI-ME ESCRAVO DO MEU SONHO DE LIBERDADE.**

Eu sempre pensei que havia mais na vida do que cair nessa armadilha, mas eu não sabia o que era. Sempre adiei essa busca porque sentia que precisava ganhar dinheiro primeiro, oferecer alguma estabilidade para minha família, até um dia poder focar no que queria fazer e encontrar meu porquê. Enquanto esperava o melhor momento, me tornei um planejador, o tipo de pessoa que tem várias checklists e adora criar planilhas para tudo. Isso me ajuda a acompanhar atividades diárias, meu orçamento e projetos. Essas planilhas, que eu chamo de simuladores, me ajudam a pensar. Tenho um simulador de quanto eu preciso para me aposentar, um para as férias dos meus sonhos, outro de quanto eu preciso para meus filhos irem para a faculdade, e assim por diante.

> **"DINHEIRO É COMO OXIGÊNIO. QUANDO VOCÊ NÃO TEM, ELE RESOLVE TODOS OS PROBLEMAS. QUANDO VOCÊ TEM DEMAIS, ELE NÃO RESOLVE NENHUM DOS SEUS PROBLEMAS".**

O que eu amo é que os números não discutem comigo. Posso alterar qualquer entrada para obter a saída que desejo. Por exemplo, se eu disser que quero me aposentar aos cinquenta anos e manter a mesma renda de hoje, isso ajustará quanto ainda preciso acumular. Não importa se é realista ou não; ele só vai me dar o número de que eu preciso. E isso faz eu me sentir bem.

Planejar sempre fez parte da minha vida. Foi assim quando comecei minha empresa de videogames; quando quis entrar em uma das melhores universidades do Brasil; quando queria morar no exterior, mas não podia pagar; quando estava procurando meu primeiro emprego; quando decidi ser milionário e me tornar independente financeiramente; quando corri minha primeira meia maratona. Pode-se debater a nobreza desses objetivos, mas eles foram um verdadeiro norte e me deram a motivação para sair da cama pela manhã. Alcancei muitos objetivos na vida sendo orientado para resultados.

Questões filosóficas sobre se o dinheiro pode comprar felicidade são inúteis. Gostemos ou não, o dinheiro importa muito. Ele afeta todos os aspectos de nossas vidas. As carreiras que podemos escolher, os restaurantes onde comemos, a escola que nossos filhos frequentam, os fundos que podemos investir, nossa saúde, as pessoas com quem convivemos, nosso estilo de vida, nossos relacionamentos, nossa autoestima. Em um mundo ideal, nada disso deveria importar. Deveríamos ser valorizados por quem somos. Mas não vivemos em um mundo ideal. Citando Mark Manson[1], "dinheiro é como oxigênio. Quando você não tem, ele resolve

1 MANSON, Mark. **A sutil arte de ligar o f*da-se**: Uma estratégia inusitada para uma vida melhor. 1ª edição. Rio de Janeiro: Intrínseca, 2017.

todos os problemas. Quando você tem demais, ele não resolve nenhum dos seus problemas".

Para mim, o dinheiro sempre esteve relacionado com segurança e liberdade com o fim de fazer o que quisesse, onde e com quem eu quisesse. Meu objetivo com a independência financeira nunca foi parar de trabalhar ou comprar uma Ferrari. Eu sempre pensei: preciso cuidar do meu futuro e dos meus filhos. Queria garantir uma faculdade de qualidade para eles. Eu pude experimentar como uma boa educação pode transformar vidas e queria proporcionar-lhes a mesma oportunidade. Não queria que começassem a carreira com uma dívida com o financiamento da universidade, porque dessa forma suas decisões seriam guiadas muito mais pelo desejo de se livrar do peso da dívida do que busca da felicidade na carreira que escolherem. Também queria uma aposentadoria que me mantivesse até o fim da vida. Não queria que meus filhos fossem a minha previdência.

Quando me mudei para os Estados Unidos, vi brasileiros que se deslumbravam com a renda em dólar e com o preço relativamente barato das coisas. Vejo muita gente que compra carros de luxo, o que no Brasil jamais conseguiriam ter. Dada a baixa taxa de juros e o menor custo relativo dos impostos, os brasileiros ficam deslumbrados com a possibilidade de dirigir Mercedes, BMWs, Porsches e Teslas. Enquanto isso, eu estava com meu Toyota e me sentia consideravelmente atendido por ele. O dinheiro que ganhava não era para isso. Era para me dar a chance de escolher o que eu queria fazer. Se algum dia quisesse sair do mundo corporativo, eu poderia me dedicar às atividades que me dão prazer ou qualquer outra coisa que me desse na telha.

Uns ganham...

Esse perfil "menos ostentador" não me impediu de cometer algumas imprudências com o dinheiro. Em 1999, meu tio Luiz morreu em um trágico acidente de carro. Ele era o segundo filho da minha avó Elza e, como os outros cinco costumavam dizer num misto de ciúme e verdade, "ele era o preferido". Meu tio era o tipo de pessoa que poderia iluminar qualquer ambiente com seu sorriso e os profundos olhos verdes. As pessoas simplesmente o cercavam, atraídas por seu espírito de luz, sua felicidade, suas piadas, as histórias de suas viagens e sua alegria pela vida. Acho que

Deus precisava de alguma ajuda para animar as coisas no céu, e essa foi a razão pela qual ele morreu aos 39 anos com tanta vida pela frente.

Sua morte deixou um buraco em nossos corações, um sentimento de vazio. Só agora, tendo meus filhos, posso imaginar a dor que minha avó passou. É quase insuportável ver seus filhos partirem antes de você, invertendo a lógica do tempo. Essa deve ser a pior ligação que um pai pode receber. Quando a esposa morre, chamamos o marido sobrevivente de viúvo, quando os pais morrem, chamamos os filhos de órfãos. Quando os filhos morrem, não temos uma palavra para os pais que ficaram, de tão difícil que deve ser pensar nessa possibilidade. Mas meu tio Luiz não só deixou boas lembranças, deixou também um seguro de vida em nome de minha avó.

Ninguém na família sabia o que fazer com aquela quantia. Minha avó havia se aposentado por causa da artrite e da osteoporose. Ela não podia mais trabalhar e vivia com benefícios mínimos da Previdência Social e seus filhos contribuíam com algum dinheiro para ajudar nas contas. Com o seguro, ela conseguiu dinheiro suficiente para se sustentar por dez anos sem a ajuda de ninguém – desde que não perdesse dinheiro, claro.

À época eu era estudante de economia e meus tios e tia me procuraram para uma consultoria financeira. Para eles, eu tinha mais conhecimento para investir o dinheiro dela. "Seria ótimo se pudéssemos fazer isso durar mais", disseram. Pensei por alguns minutos, fechei os olhos como se estivesse consultando uma entidade do além e respondi: "Invista em fundos de índice cambial atrelados ao dólar". «Quanto?» — eles perguntaram. "Tudo.", respondi.

Em 1994, o Brasil atrelou sua moeda ao dólar na tentativa de combater a inflação, fazendo 1 dólar americano valer 1 real brasileiro. Essa política de paridade cambial, na qual um governo fixa uma taxa de câmbio foi amplamente adotada no início dos anos 1990 pelos países em desenvolvimento. A estabilidade cambial fornece previsibilidade de longo prazo para o planejamento de negócios, porque o dólar americano não flutua. Esta política de câmbio foi um dos sucessos do Plano Real, que conseguiu controlar a hiperinflação, que era de 6.800% ao ano (acredite, no início dos anos 1990, quando você comprava algo em janeiro, este mesmo item ficava 68 vezes mais caro até dezembro). Em 1997, a inflação foi de apenas 5%. A estabilidade fez maravilhas para nós brasileiros. Foi um momento sem paralelo na economia: preços estáveis, crescimento elevado do PIB e moeda forte. Foi a primeira vez que as pessoas puderam fazer planos para o futuro, porque havia algum tipo de visibilidade e previsibilidade.

No entanto, alguns dos fundamentos do país nunca foram corrigidos, por exemplo, o déficit orçamentário. Os governos sempre gastavam mais do que arrecadavam e tinham dificuldade para pagar sua dívida. Outros países, como México, Rússia e Tailândia, fizeram o mesmo que o Brasil, adotando essa estratégia de câmbio fixo. No entanto, déficits no balanço de pagamentos geraram um problema de liquidez nos países em desenvolvimento. O epicentro da crise asiática de 1997 começou na Tailândia e teve efeito cascata em outros países. No mês de agosto de 1998, o governo russo desvalorizou sua moeda, o rublo, e deixou de pagar sua dívida, exacerbando o pânico no mercado financeiro. A aposta era que todos os países em desenvolvimento com taxa de câmbio atrelada ao dólar e dívida alta poderiam dar o calote. Essa previsão fez com que os investidores retirassem seu dinheiro desses países, incluindo o Brasil e o levassem para lugares seguros, ou seja, para os Estados Unidos.

A pressão sobre a economia brasileira foi tão intensa que o governo não teve outra opção a não ser adotar o câmbio flutuante. Quase da noite para o dia, a moeda desvalorizou cerca de 60%. Em março de 1999, US$1 passou a valer R$2,02[2].

Com essa mudança, eu tinha acabado de dobrar o dinheiro da minha avó. Ela pôde esticar suas economias por mais de 20 anos, até sua morte, em dezembro de 2023, e ter uma tranquilidade financeira que nunca havia tido. Passou a não se preocupar se teria recursos para pagar seus medicamentos, sem depender de seus filhos para ajudá-la. Eu me senti superorgulhoso. Não só porque pude ajudar minha avó, mas também porque achava que sabia o que estava fazendo.

...Outros quase vão à falência

A mesma crise financeira que conseguiu dobrar os ganhos de minha avó, fez meu pai quebrar. Em 1996, ele e outros amigos fazendeiros fizeram algumas pesquisas e descobriram que os laticínios eram um negócio lucrativo na época. O preço do leite foi alto por um longo período, e a demanda havia aumentado. Estudaram muito, fizeram algumas conexões e

......

2 Informações no site de consulta: <www.bcb.gov.br/estabilidadefinanceira/historicocotacoes>.

descobriram que o melhor gado leiteiro era do Uruguai. Eles visitaram algumas fazendas no país vizinho, viram todo o processo, fizeram algumas contas e compraram as vacas uruguaias. Em teoria, um negócio simples e direto: eles pegariam um empréstimo em dólares, comprariam o gado e pagariam o banco em cinco anos com o lucro do negócio de laticínios. Meu pai fez as contas e achou que tinha uma tese de investimento à prova de balas. Quando a política cambial mudou e o dólar subiu, meu pai viu sua dívida dobrar. A mudança econômica que ajudou minha avó, foi capaz de fazer um estrago enorme na vida do meu pai.

Foram tempos difíceis. Vi meu pai e minha mãe, que nunca foram de luxo, se desfazerem de todos os seus bens para honrar sua dívida. A F1000 nova que meu pai tinha na garagem foi trocada por uma Pampa caindo aos pedaços, as viagens de férias foram canceladas por muitos anos e muitas vacas uruguaias foram vendidas até que a dívida fosse paga. Reduzimos nossos custos até o *osso* mesmo, mantendo só o básico para a sobrevivência. Naquele momento eu estava terminando a faculdade, dando gasto, sem renda. Me sentia um peso. Não conseguia trabalhar, pois o curso em período integral não permitia. Cheguei a sugerir trancar a faculdade e arranjar um emprego. Meus pais não permitiram. "Educação é prioridade. Foca nos estudos e a gente se vira aqui".

Eu me sentia mal. Todos estavam mal. Embora isso tenha acontecido há vários anos, as memórias ainda estão frescas em minha mente. O nível de estresse em casa era altíssimo. Minha mãe chegou a ter uma crise de pânico em um domingo em que foi para o clube. Passou mal dentro da piscina e quase se afogou. Tivemos que levá-las às pressas para o hospital. Meu pai sempre nervoso e agitado, acendia um cigarro na ponta do outro, fumando dois maços por dia. Depois de construir uma base financeira sólida e subir na escala social, ele viu o céu cair sobre sua cabeça. Voltou à estaca zero. Isso o atingiu com força e todos sentiram as consequências. Ele deixou de ter o vínculo familiar por um tempo, ficava sempre distante. Perdeu não apenas seu dinheiro, mas sua autoestima. Ele nunca chorou na minha frente e sempre que eu tentava tocar no assunto ele dizia "a culpa é minha, vou consertar isso". Ele era um touro e não estava disposto a desistir. Com uma força profunda, ele começou a reconstruir nossas vidas trabalhando mais do que nunca.

> **O DINHEIRO ESTÁ LONGE DE PERTENCER AO MUNDO DOS NÚMEROS. PERTENCE AO DEPARTAMENTO DE PSICOLOGIA.**

As pessoas pensam que a economia é uma ciência exata, como a matemática. Acompanhamos, usamos fórmulas, fazemos simulações. No entanto, o dinheiro está longe de pertencer ao mundo dos números. Pertence ao departamento de psicologia. Afinal, como representar a ganância ou o medo em uma planilha? Como numerar o sentimento de não ser capaz de sustentar a família? O dinheiro está envolto em emoções e vice-versa. É por isso que compramos o que não precisamos, mas achamos que merecemos. E é por isso que economizamos cada centavo, com medo de perdê-lo. Perder ou ganhar tem muito mais a ver com entender a própria mente do que fazer contas. Como escreveu Morgan Housel, em seu livro *A psicologia financeira*[3], a sorte e o risco são irmãos. São a expressão concreta de que todo resultado na vida é guiado por outras forças além do mero esforço individual.

Meu pai quebrou sem ter a mínima noção de que uma crise do outro lado do mundo causaria efeitos tão danosos em sua pequena cidade natal, num efeito borboleta. Para ele, não fazia sentido que uma borboleta agitasse as asas na Tailândia e isso pudesse causar um furacão no interior do Brasil. Tudo o que ele sabia era que, em menos de dois anos, sua dívida dobrara e ele falira tendo uma esposa e dois filhos para cuidar.

"ACHO QUE QUANDO VOCÊ DEVE US$100 MIL AO BANCO, VOCÊ TEM UM PROBLEMA. MAS QUANDO VOCÊ DEVE US$1 MILHÃO, O BANCO TEM UM PROBLEMA".

Para piorar, ao mesmo tempo em que recebia cartas de cobrança do banco informando seu saldo devedor, ele assistia às notícias sobre bancos e empresas sendo socorridos pelo governo. Vendo a tristeza em seus olhos, o peso em seus ombros, lembro-me de dizer em voz alta: "Isso não é justo". Ele me respondeu: "Acho que quando você deve US$100 mil ao banco, você tem um problema. Mas quando você deve US$1 milhão, o banco tem um problema". Ele é um cara ético e trabalhador, mas não foi socorrido e não teve redução de impostos. Em vez disso, teve que trabalhar duro para pagar ao banco e manter o nome limpo na praça.

....

3 HOUSEL, Morgan. **A psicologia financeira**: Lições atemporais sobre fortuna, ganância e felicidade. 1ª edição. Rio de Janeiro: Harper Collins, 2021.

O sucesso de dona Elza e o fracasso de seu Vanderlei tiveram a mesma causa e são a prova de que a dificuldade em identificar a diferença entre sorte e habilidade é o maior problema quando tentamos aprender a lidar com nossas finanças. Apenas hoje sou capaz de entender que o que fiz com o dinheiro de minha avó foi uma grande irresponsabilidade. Por sorte o caso dela teve um final feliz. Eu tinha vinte e poucos anos e acreditava que tinha uma tremenda capacidade de prever o futuro. Eu me considerei "inspiradamente audacioso", quando na verdade estava sendo "totalmente imprudente". Mal sabia que teria que pagar o preço por esse excesso de confiança mais tarde.

O engenheiro de obra feita

"Eu sabia disso o tempo todo", disse à minha esposa em uma tarde quente de domingo depois que o cavalo número 7 cruzou a linha de chegada em primeiro lugar. Estávamos almoçando no Jockey Club, em São Paulo. Eles tinham um bom restaurante e ofereciam uma atividade diferente para fazer com duas crianças. Era um lugar perfeito para quem tem filhos pequenos: lindo, muitas árvores, boa comida, cavalos para a criançada ver, diversão com as corridas e, se quiser, algumas apostas. Eu não sou um grande jogador, pelo menos, não em cavalos, então dei a cada um R$5 para fazerem uma aposta. Tudo o que eles precisavam fazer era escolher um número – ou apontar para o cavalo de bolinhas, como fez minha filha, porque com apenas 1 ano ela não era boa em números e as bolinhas são muito mais divertidas. Escolhi o número 7. Não sei por que, mas sempre achei que 7 era meu número da sorte. Acho que é porque nasci em 7 de junho de 1977. Também escolhi aquele cavalo porque se chamava "The Flash". Quem não acha que o *The Flash* pode vencer qualquer corrida?

A corrida não começou bem. *The Flash* não teve uma boa largada e ficou atrás dos outros cavalos. Todos zombaram de mim. Até mesmo o cavalo de bolinhas estava muito à frente. No entanto, na última curva, *The Flash* mostrou sua força. Ele acelerou o passo e, um a um, foi deixando os outros cavalos para trás com uma forte finalização. Descobriu-se que *The Flash* era o cavalo mais rápido naquela corrida; ele não me decepcionou. Ganhei R$200, o suficiente para pagar a refeição, e pude encher o peito e dizer: "Eu sabia disso o tempo todo".

Esse efeito de "eu sabia o tempo todo" é o que é chamado de **viés de retrospectiva**, um fenômeno psicológico que faz as pessoas se convencerem após um evento de que o previram antes que acontecesse. Esse viés pode levá-las a concluir que podem prever com precisão outros eventos. É como se qualquer pessoa que conheceu Lionel Messi quando criança dissesse: "Eu sabia que ele seria um grande jogador". Mas quantas crianças são os futuros Messis? Quantas tentam fazer carreira no futebol ou em qualquer outro esporte e fracassam? Uma vez que se tornam famosos, pode-se dizer que sabiam que isso ia acontecer e que podiam reconhecer um talento a quilômetros de distância?

Outra coisa que pode aprofundar o viés de retrospectiva é o sucesso em experiências passadas. Digamos que eu compre uma ação durante um *Initial Public Offering* (IPO)[4], e, depois de alguns anos, a ação exploda. Esse ganho me deixará mais confiante para apostar no próximo IPO. Criamos excesso de confiança em nossa capacidade de prever o futuro. Vamos olhar para trás em decisões passadas e concluir que suas consequências eram realmente conhecidas por nós na época (quando na verdade não eram). Dessa forma, vamos superestimar nossa capacidade de prever as implicações de nossas decisões futuras. Isso pode ser perigoso, pois o excesso de confiança nos leva a correr riscos desnecessários.

Hoje entendo por que sugeri arriscar o dinheiro de minha avó. Eu não tinha nenhuma bola de cristal ou qualquer outro método sofisticado para prever o que aconteceria. Eu estava terminando meu curso de economia em uma faculdade conhecida como "mais à esquerda" do pensamento econômico, que era crítica às políticas liberais adotadas pelo então presidente Fernando Henrique Cardoso. As discussões que tínhamos eram que o governo agia errado e a política econômica tinha seus dias contados. Mais e mais notícias vinham, em tempo real, do exterior com a internet começando a ganhar força. Crise no México, na Rússia, nos países asiáticos eram manchetes. Logo, fiquei propenso a apostar no fracasso do câmbio fixo. Mais tarde descobri que isso tem um nome: é o **viés de disponibilidade**, que é a tendência de superestimar a probabilidade de um evento que está pulsante em nossa memória, ou porque é recente ou porque nos marcou emocionalmente.

......

4 IPO é o nome dado ao processo de abertura de capital de uma empresa, quando suas ações passam a ser vendidas na bolsa de valores.

Investir deveria ser apenas uma decisão racional; afinal, deve-se investir seus recursos em uma carteira que traga os melhores retornos. No entanto, isso só funciona nos livros didáticos. Como escreveu Housel, em *Psicologia Financeira*, a economia está longe de ser uma ciência exata, porque a teoria é influenciada pelo comportamento das pessoas, o que a torna uma ciência mais difícil de fazer previsões. Afirmando isso, ele cita o físico Richard Feynman: "Imagine só como a física seria bem mais difícil se os elétrons tivessem sentimentos".

Não importa se alguém tem uma boa formação, fez cursos de investimento, MBA ou até mesmo doutorado em economia, todos nós temos nossos preconceitos, mesmo sendo muito inteligentes. Não é porque uma pessoa é inteligente que ela necessariamente é uma boa investidora. Pessoas inteligentes podem ser péssimos investidores. Caso contrário, todos os neurocirurgiões seriam o próximo Warren Buffett.

Não aprendemos nada na escola sobre finanças pessoais, começando com o básico de como fazer um orçamento. Mas se tem algo que é altamente descartado e precisa de mais atenção, ao investir, é a nossa psicologia. Sempre que alguém toma uma decisão de investimento, seja comprar uma casa, uma ação, a cota de um fundo de investimento ou até mesmo uma criptomoeda, podemos experimentar um ou vários sintomas de viés. Alguns exemplos podem ser excesso de confiança, memória seletiva, viés de confirmação, medo de perder, atenção seletiva, entre outros. Vários estudos explicam esses vieses em detalhes, bem como sua origem psicológica. No entanto, do meu ponto de vista, tudo isso se resume a dois sentimentos básicos da natureza humana, que fazem parte de nossa mente subconsciente há milhões de anos: medo de perder e o desejo de ter mais. É aquele sentimento do "eu não tenho o suficiente".

O **viés de confirmação**, por exemplo, é capaz de entorpecer nosso cérebro, pois preferimos acreditar em informações que confirmem o que acreditamos ser verdade e que nos façam sentir confiantes. Portanto, tendemos a ser menos críticos e aceitá-las. Por outro lado, somos muito mais críticos e tendemos a rejeitar informações que vão contra nossas crenças. Eu acreditava realmente que sabia o que estava fazendo com o dinheiro de minha avó, mas a verdade é que fui um tolo com sorte. Felizmente deu tudo certo e ela pôde usufruir de sua renda.

Sorte e competência

"Quanto mais eu trabalho, mais sorte eu tenho". A frase é atribuída a Thomas Jefferson, embora haja controvérsia sobre a autoria da frase. Eu perdi as contas de quantas vezes a ouvi no trabalho. Embora eu entenda que essa afirmação valorize o esforço, ela também nega a existência da sorte, o que eu discordo totalmente. Há pessoas que se recusam a reconhecer o papel que ela desempenha em nossas vidas. Eu não me importo se dão a isso o nome de sorte, benção ou qualquer outra coisa. Mas negar a sua existência é um tremendo erro. Basta ver o que a mesma crise financeira fez com minha avó e meu pai para perceber que a "sorte" teve a sua parcela de contribuição.

A Deusa da Fortuna também sorriu diferente para as empresas Brahma e Antarctica quando a moeda brasileira se desvalorizou: a dívida da Antarctica disparou, tornando-a uma presa mais fácil para a Brahma, que tinha uma aposta do outro lado do balcão. Hoje, os caras da Brahma são vistos como gênios. Isso significa que os caras da Antarctica eram todos preguiçosos e incompetentes? Claro que não. Mas e se o governo tivesse conseguido manter o câmbio atrelado ao dólar? Nunca saberemos a resposta.

Como a história é quase sempre contada pelos vencedores, somos seduzidos pelo **viés do sobrevivente**, que consiste no erro lógico de nos concentrarmos em coisas ou pessoas que sobreviveram a algum processo enquanto ignoramos aqueles que fracassaram e mal ficamos sabendo. Como diz Nassim Taleb[5], o "cemitério de pessoas fracassadas está cheio de pessoas de coragem, otimistas e dispostas a correr riscos". Essas são características que certamente serão identificadas nos milionários. O que separa os fracassados dos vitoriosos é, na maioria das vezes, a pura sorte. E se eu tivesse perdido todo o dinheiro da minha avó? Eu estava no início dos meus vinte anos. Eu sobreviveria a tal desastre? Por que fui capaz de fazer algo de bom por ela e não pude fazer nada para ajudar meu pai? Ele era uma pessoa preguiçosa e imprudente que merecia ser punida por correr um risco desconhecido?

Como Morgan Housel[6] escreve,

5 TALEB, Nassim N. **A lógica do cisne negro:** O impacto do altamente improvável. 19ª edição. Best Seller, 2008.

6 HOUSEL, Morgan. **A psicologia financeira:** Lições atemporais sobre fortuna, ganância e felicidade. 1ª edição. Rio de Janeiro: Harper Collins, 2021.

"(...) as características necessárias para ter um enorme sucesso são muitas vezes as mesmas características necessárias para desencadear uma catástrofe. Nem sempre, mas muitas vezes. Uma aposta de baixa probabilidade que funciona, faz você parecer um gênio. Uma aposta de baixa probabilidade que falha, faz você parecer um fracassado, talvez até um idiota aos olhos dos outros. Mas a diferença entre os dois pode ter sido minúscula. Poderia ter sido a mesma pessoa fazendo exatamente a mesma coisa terminando no lado oposto ao da sorte. O fracasso do outro em geral é atribuído a más decisões, enquanto os nossos costumam ser atribuídos ao lado sombrio do risco. Ao avaliarmos o erro do outro, temos mais propensão a optar por uma história pura e simples de causa e efeito, porque não sabemos o que passa dentro da cabeça da outra pessoa".

"O MESMO VENTO QUE APAGA AS VELAS, ATIÇA AS FOGUEIRAS".

Nassim Taleb também tem uma visão de que risco e sorte são irmãos, quando ele diz: "O mesmo vento que apaga as velas, atiça as fogueiras".

A cenourinha lá na frente

Quando comecei a trabalhar para a Ambev, minha relação com o dinheiro era uma combinação perfeita para a mentalidade da companhia. Todas as empresas 3G eram muito frugais. Todos os anos, nossos orçamentos eram examinados pela metodologia do "Orçamento Base Zero". Cada centavo precisava ser justificado. Frases como "custo é como unha, precisa cortar constantemente" ou "custo é a única coisa sob nosso controle" faziam parte do nosso dia a dia.

Outro valor forte era o espírito de dono. Tratávamos o dinheiro da empresa como se fosse nosso. Tanto que quando fui para a área de vendas, que exigia um expediente aos sábados, das 7h às 13h, via meus colegas reclamando, mas diferentemente deles falava: "Vocês estão reclamando de quê? Estão saindo às 13h. Quando eu trabalhava no açougue, eu saía às 20h". Isso, para mim, sempre foi muito forte, de assumir a responsabilidade o tempo todo e fazer acontecer.

Posso garantir que tratei muito bem cada centavo que passou em minhas mãos. Eu trouxe minhas lutas para o trabalho. Eu sabia como era difícil ganhar dinheiro, fazer escolhas e ser criativo para economizar mais. E apliquei meus princípios dentro da empresa. Também aprendi muito com a empresa: como montar um orçamento do zero, como priorizar, como negociar e como desafiar as pessoas.

O modelo de remuneração variável que as empresas do grupo 3G adotavam também fazia todo sentido para mim. Do meu ponto de vista, como sócio, o modelo é brilhante, pois "estica" os profissionais e faz todos remarem na mesma direção. Se a empresa for bem, todos serão recompensados. Se isso não acontecer, todos sentirão a dor. Na maioria das vezes, o orçamento era definido, usando um princípio de Jim Collins: o *Big Hairy Audacious Goals*[7] (BHAG) (Metas audaciosas e cabeludas, porque as metas seriam mais esticadas e difíceis de serem atendidas). Esse princípio com certeza ajudou a empresa a sonhar grande e construir um legado admirável. Mas não sem consequências.

Como empregado, no entanto, os anos em que não havia bônus, eram muito duros. Posso dizer que esses foram os períodos em que mais trabalhei. Quando víamos que o resultado não estava sendo alcançado, trabalhávamos ainda mais, não só para tentar atingir a meta, mas também garantir nossos empregos. Em alguns casos, faz sentido não pagar a remuneração variável quando, por exemplo, a concorrência lança um produto de sucesso e a empresa demora a reagir. Mas há casos em que essa teoria não parece tão acertada.

Na pandemia da Covid-19, quando o mundo inteiro encerrou com resultados corporativos despencando, seria correto penalizar a todos? Não cabe a mim julgar. As pessoas têm o livre arbítrio para escolher ficar ou não na companhia. Mas a decisão de sair nunca é fácil, especialmente para os cargos mais altos, que recebem *stock options*. Este tipo de incentivo é muito comum nas empresas de capital aberto. Em vez de fazerem pagamentos de bônus em dinheiro, elas dão uma quantidade de ações que pode ser vendida depois de alguns anos. É uma forma de estimular os funcionários a perseguirem o lucro para aumentar o valor de mercado, porque quanto maior o preço da ação no dia da venda, maior o ganho. No entanto, quem sai antes de um prazo determinado, perde o direito a esses papéis.

......

7 Para mais informações, acesse: <www.jimcollins.com/concepts/bhag.html>.

Não creio que exista um modelo de remuneração perfeito, todos têm seus prós e contras, mas um dos problemas de premiar apenas resultados é que a inovação e a tomada de risco inteligente podem ser inibidas por medo de perder o ganho variável. Ainda assim, me encontrei neste modelo. Ser melhor a cada ano era algo que sempre me moveu. Para garantir o resultado, no início de cada ano, assim que a empresa apresentava minhas metas, eu reunia minha equipe e realizava workshops para montar um plano de ação. Sempre iniciava com uma frase que o gato Cheshire diz para Alice no livro de Lewis Carroll[8]: "Se você não sabe para onde ir, qualquer caminho serve". A mensagem era inequívoca: "Se você quer ir a qualquer lugar dentro da organização, você tem que atingir suas metas. Para atingir suas metas, você precisa de um bom plano. Devemos saber para onde estamos indo e como chegaremos lá".

Aprendi a trabalhar dessa forma, mas nem sempre foi fácil equilibrar as contas. Com os filhos crescendo e elevando nosso padrão de vida, os contracheques mensais nem sempre eram suficientes para cobrir as despesas da casa. Eu contava com o bônus para ter um respiro e sabia que teria um bom retorno quando recebesse as *stock options* as quais tinha direito. O que é dor de curto prazo para uma recompensa futura? Na minha cabeça, aquele dinheiro que viria no futuro resolveria todos os meus problemas.

Lemann & cia. têm esse princípio de não deixar as pessoas com muito dinheiro nas mãos. Eles acreditam que isso pode atrapalhar o trabalho. Mesmo quando alguns de seus funcionários ficavam milionários, a exibição não era bem-vista, como disse Marcel Telles, em carta enviada aos funcionários do Banco Garantia, em 1998:

> *Tudo bem que as pessoas comprem carros novos, comprem seu apartamento ou aluguem casas fora. Mas dentro do trabalho nossos cérebros pertencem à firma, e todo o nosso tempo e esforço devem ser dedicados a ela.*
>
> *A gestão da própria grana e perda de tempo com isto, por mais proveitosa que possa parecer, é pensar pequeno. Muito mais importante do que operar uma reserva ou um depósito em caderneta é estar comprometendo nossa inteligência, tempo e esforço na firma.*

8 CARROLL, Lewis. **Alice no país das maravilhas**. 1ª edição. Faro Editorial, 2020.

Nós, como comissionados, somos sócios de seu sucesso e de seu lucro. Até hoje, todos que abaixaram a cabeça e meteram bronca, só pensando na firma, foram extraordinariamente recompensados ao longo do tempo".

Embora tenha sido escrito há muito tempo, os princípios ainda estavam lá, e quando li essa passagem no livro *Sonho grande*[9], da jornalista Cristiane Correa (2013), senti como se tivesse recebido aquela carta de Marcel. Suas palavras soaram tão familiares. Quando eu finalmente consegui conquistar alguma coisa, fiz o que ele me mandou fazer. Não comprei nenhum apartamento, carro chique, nem tirei férias caras.

Incorporei muitas características que aprendi com eles trabalhando para suas empresas por dezessete anos. Coisas como viver abaixo das minhas possibilidades, ser discreto, investir no longo prazo, não fazer nada em tempos de crise de ações, ter espírito de dono, correr risco, focar nas pessoas e assim por diante. Claro, meu histórico é minúsculo e insignificante comparado ao que eles construíram, mas, para mim, foi o suficiente. Eu nunca quis ser a pessoa mais rica do mundo. Para quem teve que lutar por cada centímetro de suas conquistas, era suficiente sentir que estava no caminho para construir a liberdade financeira. Esse era o meu sonho.

Claro que Marcel nunca me escreveu aquela carta e olhando para trás, isso é algo de que eu gostaria de ter feito diferente. Eu deveria ter investido mais tempo na minha própria educação financeira e aprendido a investir. O conhecimento teria sido a melhor proteção, caso eu não recebesse nenhuma grande recompensa ao longo do tempo, porque é a única coisa que posso levar comigo para sempre. Quando meu barco começou a afundar, ninguém foi me resgatar ou jogar um colete salva-vidas. Tive que aprender a nadar sozinho.

....

9 CORREA, Cristiane. **Sonho grande:** Como Jorge Paulo Lemann, Marcel Telles e Beto Sicupira revolucionaram o capitalismo brasileiro e conquistaram o mundo. 1ª edição. Rio de Janeiro: Sextante, 2013.

PONTOS DE AÇÃO

- ☑ **Crie um orçamento detalhado:** Mantenha um controle rigoroso de suas finanças pessoais, anotando todos os gastos e receitas. Use planilhas ou aplicativos de gerenciamento financeiro.
- ☑ **Planeje-se para o futuro:** Estabeleça metas financeiras de curto, médio e longo prazo. Considere investimentos que contribuem para o alcance dessas metas.
- ☑ **Eduque-se financeiramente:** Leia livros, participe de cursos e acompanhe blogs ou podcasts sobre finanças pessoais. Quanto mais conhecimento você tiver, melhor poderá tomar decisões informadas.
- ☑ **Evite decisões impulsivas:** Antes de qualquer grande compra, dê a si mesmo um tempo para refletir se realmente precisa do item. Pratique o "período de espera" de 24 horas.
- ☑ **Busque aconselhamento financeiro:** Se possível, consulte um planejador financeiro para te ajudar a estruturar um plano que atenda suas necessidades específicas e lhe dê segurança.

PARA REFLETIR

1. **Como você define sua relação com o dinheiro? Reflita sobre suas atitudes e sentimentos em relação ao dinheiro e como eles foram moldados ao longo dos anos.**

2. **Como o seu comportamento financeiro é influenciado por seus vieses? Identifique quais vieses comportamentais você pode ter e como eles afetam suas decisões financeiras.**

3. **O que você pode fazer hoje para melhorar sua saúde financeira? Considere ações imediatas e práticas que possam te levar a uma gestão financeira mais saudável e sustentável.**

A QUEDA

»»

"Todo mundo tem um plano,
até levar um soco na cara".

Mike Tyson

04

Eu já enfrentei dias frios, mas nada tão brutal quanto o início de 2019, quando Chicago foi atingida por um vórtice polar e as temperaturas caíram para mínimas históricas, chegando a uma sensação térmica de 50 graus abaixo de zero. Mas nem nos meus piores pesadelos eu poderia sonhar com o que estava prestes a acontecer.

Todos os anos a Kraft Heinz sediava uma convenção global com seus líderes para comemorar os resultados do período anterior e discutir os planos para o próximo ciclo. Naquele ano, o evento aconteceu em 13 de fevereiro e posso dizer que o clima ao lado de dentro da empresa era tão ruim quanto do lado de fora. A energia era tão baixa que até o CEO da empresa, Bernardo Hees, conhecido por ser um cara carismático e de muito vigor, tinha uma expressão cansada e derrotada. Durante a reunião dos sócios, ele nos deu uma prévia do que estava prestes a acontecer. Sem entrar em muitos detalhes, disse que os resultados viriam piores que o esperado e que deveríamos nos preparar para dias difíceis, até anos. Completou dizendo que a imprensa escreveria muitas coisas ruins sobre a empresa, mas não deveríamos nos ocupar com isso. Nosso foco precisava estar no trabalho.

Dito e feito. A divulgação dos resultados[1] *aconteceu no dia 20 de fevereiro. Naquela manhã cinzenta, a empresa não só anunciou resultados ruins para o 4º trimestre e todo ano de 2018, como também divulgou várias notícias que fizeram a ação cair mais de 30% em um único dia. Foi uma tríade de más notícias: corte de 40% nos dividendos para pagar dívidas; baixa contábil de US$15,4 bilhões em duas de suas maiores unidades de negócio e investigação da SEC – U.S. Securities and Exchange Commission, órgão americano que fiscaliza as empresas de capital aberto, equivalente à Comissão de Valores Mobiliários – CVM no Brasil – sobre fraudes contábeis. O preço das ações desabou de US$48 para US$32 em questão de horas.*

1 Para mais informações, acesse ao site: <www.businesswire.com/news/home/ 20190221005988/en/>.

E assim, derreteram as economias de toda minha vida.

Naquele momento, senti um fogo no estômago. Com meu coração a mil por hora, era como se tivesse levado uma grande pancada na cabeça. Entrei em choque. Meu estômago começou a fazer movimentos involuntários e eu estava prestes a vomitar no meio da sala, na frente de centenas de pessoas. Corri para o banheiro para evitar aquele constrangimento. Minha mente entrou em looping tentando prever o tamanho da queda: A bolsa cairia ainda mais? Como passamos de "força de consolidação no mercado de alimentos" para "teremos anos difíceis pela frente"? O que mudou tão drasticamente em seis meses? Posso acordar desse pesadelo? O que o banco vai fazer? Vou perder tudo? O que vou dizer à minha esposa e a meus filhos?

Foi dessa forma que descobri que havia perdido US$2 milhões.

Em 2013, quando peguei o voo de São Paulo a Nova York, em resposta àquela ligação me pedindo para estar lá na segunda-feira, eu não sabia o que ia fazer. Somente após chegar ao escritório da 3G, na 600 Third Avenue e assinar uma dezena de papéis de confidencialidade, foi que eu descobri no que eles estavam trabalhando: era a aquisição da Heinz.

Um pequeno time era responsável por analisar os números da empresa, enquanto um outro negociava com a Heinz e com os bancos. Foram dias intensos e longas noites de trabalho. Para a nossa felicidade, o negócio foi fechado no dia 14 de fevereiro de 2013, Dia dos Namorados nos Estados Unidos. Nós comemoramos comendo Whopper, do Burger King e tomando Budweiser às 4h da manhã.

Entre a assinatura do contrato de aquisição e a aprovação das entidades reguladoras passaram-se quatro meses. Durante esse período fui e voltei de um país a outro sem uma proposta formal de emprego. Foi no dia do meu aniversário de 36 anos, em 7 de junho de 2013, que a compra foi concluída, após todas as aprovações necessárias[2]. Algumas semanas depois, um alto executivo me chamou para uma conversa e rabiscou no verso do meu caderno: US$1 milhão. Era o valor que eu teria em ações da empresa se aceitasse fazer parte do time da companhia, recém-adquirida pelo 3G.

Sem pestanejar, eu disse "sim" e, em julho do mesmo ano, já estávamos devidamente instalados em Pittsburgh, uma cidade montanhosa no oeste do estado da Pensilvânia. A primeira reação da Renata foi positiva. À época, ela já tinha deixado seu trabalho por conta das crianças e achávamos que seria o momento perfeito para recomeçarmos em outro país.

....

2 Site para consulta: <www.sec.gov/Archives/edgar/data/46640/000119312513258009/d555504dex991.htm>.

Para melhorar, um casal de amigos se mudou no mesmo período, o que ajudou na nossa adaptação.

Para receber aquele US$1 milhão em *stock options* que a empresa me oferecera, eu teria que esperar cinco anos. Para mim foi um incentivo: o prêmio, o reconhecimento, o pote de ouro no final do arco-íris para realizar o sonho de ajudar a criar a melhor empresa de alimentos do mundo.

O trabalho era árduo. Muitas vezes chegava à casa às 2h da manhã e às 5h já estava de saída para mais um dia. Naquele ritmo frenético, em dois anos anunciamos a união com a também americana Kraft Foods. O modelo 3G de adquirir, cortar custos e fazer crescer os resultados estava em modo turbo. O ambiente interno era de otimismo e de expectativa com a valorização das ações. No papo de cafezinho costumávamos imaginar quanto os papéis valeriam no futuro próximo.

Em meio às especulações de que o próximo alvo seria a britânica Unilever, internamente, gostávamos de supor qual seria o preço das ações. "10% de valorização é justo?", "E 20%?", "Cara, já valorizou mais de 300% desde que compramos a Heinz. Vai ser muito mais. Veja ABI ou Burger King. Estamos apenas no começo", comentavam meus colegas.

Eu, com minha mania de planejar, criei um simulador para calcular quanto minhas ações renderiam e quais seriam meus ganhos. Sempre que eu tinha alguma oportunidade ou estava entediado em uma reunião, eu brincava na planilha, atualizando o preço possível e sonhava acordado com o quanto ganharia. Quando a ação atingiu US$96,65, minha planilha apontou um ganho de US$3,3 milhões. Era minha aposentadoria, minha passagem para a liberdade, para a paz de espírito financeira.

Descobrindo a alavancagem

Em meio a esse clima, em 2015, fui apresentado a alguns funcionários de um dos maiores bancos do mundo por um amigo da ABI. A instituição tinha uma equipe dedicada a cuidar de brasileiros ricos que moravam nos EUA e a ABI era uma de suas clientes. Não sei se a relação se deu porque as empresas do 3G tinham muitos negócios com a instituição, mas o fato é que o tratamento diferenciado rendeu bons negócios a alguns funcionários, mesmo em tempos difíceis. Por exemplo, durante a crise financeira em 2008, quando o mercado de ações foi duramente atingido, o índice *Dow Jones* (indicador que traz o desempenho das ações de 30 grandes empresas dos Estados Unidos) caiu mais de 33,84%. Entre outubro de 2007 e março de 2008, a perda foi de mais de 50%. A ABI, que acabara de comprar a Anheuser-Busch por US$52 bilhões, viu o preço de suas ações cair de €$41.9, em outubro de 2007, para €$10.3, em novembro de 2008.

Embora o preço das ações tenha caído cerca de 75%, alguns executivos conseguiram fechar um acordo com o banco. A instituição emprestaria dinheiro a eles, o que era muito barato, porque o *Federal Reserve* (Banco Central americano) havia baixado as taxas de juros para combater a crise econômica, e eles poderiam exercer suas opções a um custo menor e manter as ações até que o preço se recuperasse. Eles pagariam juros e dariam as ações como garantia. Se a ação caísse abaixo desses €$10 euros, eles perderiam o investimento, mas se ficasse acima desse valor, eles resgatariam tudo como ganho. Naquele momento a queda já tinha chegado a quase 80%. Menos de 8 anos depois, em novembro de 2015, a ação valia €$122. Ou seja, mais de 10 vezes o que foi investido. Em números claros: eles ganharam 1000%. Essa operação tornou muitos executivos da ABI multimilionários.

Quando iniciei as conversas com os assessores de investimento do banco, ainda levaria 3 anos para resgatar minhas ações. Eu disse: "Soube que fizeram uma estratégia de investimento para a ABI que funcionou muito bem. Queria saber mais a respeito". Eles me explicaram o plano: "É muito simples, emprestamos dinheiro a uma taxa de juros baixa. Você toma emprestado para exercer as opções e pagar os impostos. O benefício é que você fica com muito mais ações e com o dividendo que recebe, pode pagar os juros e ainda fica com uma fatia restante. Outro benefício é que você consegue exercer o direito de compra da ação a um preço mais baixo e, portanto, paga menos impostos e, no final, fica com toda a valorização da cotação".

Parecia bom demais para ser verdade, então perguntei: "Qual é o truque?", a que eles responderam: "Não há truque. Tudo o que você precisa fazer é abrir uma conta conosco e deixar as ações em nossa custódia como garantia. Basta enviar alguns documentos e executamos a operação pra você".

Enviei tudo o que pediram e algumas semanas depois, eles voltaram com um balde de água fria. Disseram que o negócio que mencionaram, com aquela estrutura e taxa, era apenas para grandes fortunas, para pessoas com patrimônio líquido superior a US$5 milhões, o que não era o meu caso. Por alguns segundos meu sorriso desapareceu. Eu tinha US$1 milhão e mais o pacote de ações de mais US$1 milhão. Achei que era um monte de dinheiro, mas aparentemente, para o banco, era insignificante.

No entanto, eles disseram algo assim: "nós estamos dispostos a abrir uma exceção. Você trabalhou 10 anos para a ABI, que faz parte do grupo 3G, e agora está na Kraft Heinz. Queremos muito atrair outros executivos e você poderia nos ajudar a conhecê-los. Além disso, estamos confiantes de que a empresa se sairá bem e em breve você terá em mãos US$5 milhões".

Nas projeções deles, as ações que tinha em mãos por US$75 cada, totalizavam US$3,8 milhões. A proposta era: eles me emprestariam US$2,3 milhões para comprar as ações e pagar o imposto de renda. Eu usaria os dividendos para pagar os juros. Se o preço da ação subisse 20% em 12 meses, eu pagaria o empréstimo e teria um valor após os impostos de US$2 milhões, um retorno de 34% sobre o US$1,5 milhão inicial. Era o poder da alavancagem.

Meu sorriso voltou. Eu finalmente havia conseguido. Fazia parte do seleto grupo. Meu gerente de banco não seria uma pessoa aleatória na agência local. Eu agora fazia parte do *wealth management*, meu endereço bancário era em Manhattan, Nova York. Eu tinha uma equipe de consultores financeiros. Todo o meu trabalho duro e minha paciência finalmente valeram a pena. Durante os 3 anos, desde o dia em que conheci os especialistas em investimentos, até o dia em que assinei os papéis da operação, passamos nosso tempo fazendo duas coisas: eu os apresentava a outros executivos da Kraft Heinz e eles me enviavam relatórios de mercado e seus pontos de vista sobre a empresa. Todos tinham algo em comum: um preço-alvo da ação (que é a projeção do banco sobre o valor das ações no futuro) maior que o preço naquele momento, em que os papéis estavam caindo.

Dentro da companhia, o discurso era sempre otimista, mesmo quando a situação não estava boa. A direção usava o discurso de que "iríamos consolidar o setor de bens de consumo" para criar a expectativa de que algo maior sempre estava por vir.

O banco também contava com uma valorização das ações por conta de fusões e aquisições. Em maio de 2017, o preço dos papéis da KHC estava em US$89 e o banco divulgou um relatório apontando um preço-alvo de US$102, o que representava 15% de alta. Em novembro do mesmo ano, com um trimestre não tão bom e a demora em fazer novas aquisições, o preço-alvo baixou para US$84. O relatório, no entanto, destacava que o valor poderia chegar a US$100, mesmo após a tentativa de compra da Unilever ter naufragado.

Naquele momento, eu não conseguia perceber que estava tomado pelo **viés de confirmação**, que é a tendência de procurar, interpretar, focar e lembrar de informações de uma maneira que confirme os próprios preconceitos.

Clube das 5

Em meio a essa cegueira otimista, o início de 2018 foi memorável. Minha ascensão começou em janeiro, quando olhei no espelho e não gostei do que vi. Todos aqueles anos trabalhando longas horas, viajando, ficando em hotéis e comendo fora quase todas as noites foram uma ótima desculpa para não malhar e me fizeram carregar muitos quilos desnecessários.

Então, fiz o que provavelmente 80% da população faz todo começo de ano: prometi comer melhor, malhar mais e perder peso. Eu acreditava que a forma em que eu estava não seria uma boa combinação para o clube de pessoas ricas que eu estava prestes a ingressar. Já tive que lutar contra o preconceito de ser baixinho – tenho 1,65 cm – sobre o qual não podia fazer nada, uma vez que não ganhei na loteria genética. Mas podia dar um jeito nos quilos a mais.

Entrei para o clube das 5h da manhã. Fazia meu treino logo cedo, antes de ser afogado por centenas de e-mails não lidos e pedidos de outras pessoas. Escolhi a corrida como meu exercício preferido. Como eu viajava muito, seria mais fácil me adaptar. Tudo que eu precisava era de um bom par de tênis e roupas de corrida. Também comecei a comer melhor, eliminando carboidratos ruins, açúcar e cerveja.

Quando coloco algo em minha mente, fico obcecado, então comecei a ler muito sobre a ciência dos alimentos e como eles afetam a nossa biologia. Acompanhei meu progresso, me pesando todos os dias e postando tudo nas redes sociais – é claro que temos que nos gabar quando nos sentimos realizados. Além disso, estudos[3] sugerem que nós temos quatro

3 Site para consulta: <www.fastcompany.com/3047432/why-sharing-your-progress-makes-you-more-likely-to-accomplish-your-goals>.

vezes mais chances de atingir nossas metas quando as tornamos públicas. Não por acaso, todos na Kraft Heinz tinham suas metas à vista em um quadro na sua mesa de trabalho. Em 6 meses, perdi 13 quilos. Estava me sentindo mais leve e mais confiante.

Depois que atingi a meta de perda de peso, resolvi criar outra: correr minha primeira meia maratona. Foi isso que aprendi a vida toda nas empresas em que trabalhei: estabeleça um objetivo, mesmo não tendo ideia de como chegar lá, estipule um prazo, elabore um plano, siga-o com uma disciplina maníaca, alcance o objetivo, comemore por 10 segundos e depois vá para o próximo. Participar da maratona corporativa me ensinou muito sobre como correr de verdade. Para um cara que estava gordinho e acima do peso alguns meses antes e perderia o fôlego apenas subindo um lance de escadas, correr 21 quilômetros parecia um bom desafio. Tomei essa decisão em junho e me inscrevi para uma corrida em outubro. Teria 3 meses para me preparar.

Com o objetivo e a data definidos, mergulhei nesse novo desafio pessoal. Contratei um treinador, segui as orientações nutricionais e cumpri a planilha de treinos. Ao raiar do dia, eu me vestia, colocava meus fones de ouvido e ligava um monte de gurus motivacionais para buscar forças. Doses diárias de dopamina na minha corrente sanguínea foram combinadas com horas de afirmações positivas como "você consegue fazer isso", "assuma os riscos", "apenas 1% consegue", "tudo só depende de você" e "você é melhor do que pensa" passando entre meus ouvidos. Eu devo dizer que toda aquela química estava funcionando. Eu estava magro, melhorando meu desempenho e me sentindo invencível.

Esse sentimento transbordou para outros setores da minha vida. Era como se eu estivesse em uma sequência de vitórias. Depois da longa temporada de semeadura, era hora de colher. Eu sentia minha vida em fluxo. Fui promovido dentro da empresa para dirigir uma unidade de negócios na área comercial, algo que eu aspirava há muito tempo. O efeito colateral indesejado da promoção era me mudar novamente com minha família. Seria a oitava mudança em 17 anos. Desta vez deixamos Pittsburgh, a casa original da Heinz, e seguimos para Chicago, onde estava a nova sede após a fusão com a Kraft.

Em junho de 2018, minhas *stock options* estavam prestes a ser adquiridas e eu estava muito perto de embolsar mais de US$1 milhão. Minha esposa e eu havíamos decidido ficar nos EUA por um longo período para ver nossos filhos irem para a faculdade e fazer o sonho americano acontecer. Então, transferi o dinheiro que tinha no Brasil, o equivalente a US$ 1 milhão, para minha conta no banco americano. Com base em tudo o que estava acontecendo e todos os prognósticos sobre a Kraft Heinz, comprar ações da empresa parecia o óbvio a se fazer. Com esse recurso, comprei US$600 mil em ações da Kraft Heinz, que representava 60% de todo o meu patrimônio.

Já fazendo planos para os próximos anos de prosperidade, prometi ao meu filho Lucas que iríamos assistir à final da Liga dos Campeões na Espanha, em junho de 2019. Ele é fanático por futebol e quando morávamos no Brasil, eu o levava a algumas partidas. O esporte não é muito popular nos EUA, mas ele ainda acompanha os jogos europeus na TV. Essa viagem significaria muito para nós. Lucas ia realizar seu sonho de assistir a uma partida de futebol da *Champions* ao vivo.

Renata, que não era muito afeita a explorar lugares novos, estava se animando em fazer algo novo. Até a Bia, minha caçula, estava sonhando com a viagem. Para mim, foi o ápice da felicidade – uma forma de celebrar o que conquistei por meio de todo o trabalho duro – mas também uma maneira estranha de compensar minha família pelo tempo que não estive com eles. Era como se eu quisesse dizer a eles que valeu a pena.

Tínhamos um ano para planejar e toda vez que Lucas e eu conversávamos sobre isso, seus olhos brilhavam. Ele estava muito curioso para ver o estádio *Wanda Metropolitano*, em Madri. Quando fiz essa promessa, eu imaginava a viagem acontecendo cheia de emoção e realizando nossos sonhos.

Expectativas à parte e a despeito do otimismo geral, a empresa estava enfrentando muitos desafios. As conversas sobre qual seria a empresa a ser comprada fizeram a companhia perder o foco. A imprensa escrevia muitos artigos especulando qual seria a próxima aquisição e o CEO, Bernardo Hees, concedia entrevistas para programas de TV e jornais dizendo que seríamos um grande conglomerado no setor de bens de consumo. "Gostamos de grandes marcas" – costumava dizer. "Queremos aproveitar as sinergias dos negócios existentes e reinvestir nas marcas, nos produtos e nas pessoas".

Como resultado de todo esse barulho e com metas irreais, a empresa não pagou nenhum bônus e isso doeu. Tínhamos um modelo de remuneração bastante agressivo, baseado em remuneração variável, como o modelo ABI. Para alguns cargos era possível mais do que dobrar a remuneração anual, em teoria. Para o CEO, era 300%. Os funcionários tinham o potencial de acumular riqueza através da remuneração variável, mas, na verdade, quando o bônus não era pago, significava uma grande perda. Muitas pessoas não ficaram satisfeitas e começaram a sair. Somando as saídas à constante mudança organizacional, a dispersão do time só aumentava, dificultando o atingimento das metas.

O primeiro trimestre de 2018 foi difícil, com vendas em declínio e custos mais altos. As metas novamente não eram realistas, e muitas pessoas temiam que fossem passar mais um ano sem que os bônus fossem pagos. Em março, já havia a sensação de que o ano estava perdido. Então chegou o verão e o sol estava brilhando em Chicago. Pelo segundo ano consecutivo, o nível executivo fez uma revisão e obteve aprovação do conselho para reduzir as metas. Com isso estaríamos novamente no jogo. Durante uma reunião com os funcionários, quando fez o anúncio, o CEO mostrava animação. Agradeceu ao conselho que abriu uma exceção para alterar as metas e destacou que só poderíamos fazer isso porque em 2018, diferentemente de 2017, teríamos resultados positivos para mostrar. “Estamos prestes a imprimir nosso melhor balanço de todos os tempos”. Depois de um ano duro, esta foi uma ótima notícia. Todos nós precisávamos de um empurrãozinho e o dinheiro tem um grande poder motivacional.

> **O DINHEIRO TEM UM GRANDE PODER MOTIVACIONAL.**

Aquele discurso interno e a mudança de cenário foram animadores. Mas as ações que eu tinha comprado três meses antes, por US$69, no final de junho estavam em torno de US$60. Eu já havia perdido US$70 mil em menos de 3 meses e estava pensando melhor se deveria seguir em frente com a oferta de investimento do banco.

Então, entrei em contato com os assessores do banco dizendo que meu investimento na Kraft Heinz estava sendo ruim no curto prazo. Eles responderam que muitas instituições financeiras ainda recomendavam a compra e estavam muito otimistas com a empresa. O preço das ações já havia caído quase 40%, desde seu pico de US$96, em fevereiro de 2017.

Com especulações internas e externas sobre a próxima aquisição, os relatórios do banco mostrando uma potencial vantagem e o discurso de otimismo da alta gestão, fiquei pensativo. Seria uma repetição da história da AB InBev? Seria muito risco? Mas então me lembrei de uma citação de Jorge Paulo Lemann – “Eu acredito muito em correr riscos, se você não arriscar, você não consegue muito”.

Ignorando minha ignorância

Não sou um grande tomador de riscos, mas tomei algumas decisões ousadas na minha vida que provaram ser certas. No entanto, o sucesso do passado é uma armadilha. Como diria Daniel Kahneman: "Nossa convicção reconfortante de que o mundo faz sentido repousa sobre uma base segura: nossa capacidade quase ilimitada de ignorar nossa ignorância". Minhas expectativas estavam afetando minhas percepções. E nada mudou mesmo depois que fui questionado pela Renata, que fez as perguntas certas:

— Por que você vai pegar um empréstimo que não precisa para comprar algo que já é seu?

— Porque eu vou ter muito mais. Isso é chamado de alavancagem. O banco me disse que é assim que os americanos ganham dinheiro no mercado de ações. Agora pertenço a esse grupo exclusivo, que tem acesso a esse modelo de investimento.

— Tem certeza? Você pediu a opinião de outra pessoa?

— Não preciso. Fui assessorado por um dos bancos mais prestigiados do mundo. Eles sabem o que eles estão fazendo.

— Você não acha que vai ficar com muito investimento só na Kraft Heinz?

— Pode ser, mas veja o que aconteceu com a ABI. Cresceram muito e os caras de lá ganharam muito dinheiro. Agora vai ficar ainda melhor com Lemann e Buffett juntos. Você já viu esses caras perderem dinheiro? Vamos dominar o mundo.

— E se o preço da ação cair?

— Já caiu bastante. Seis meses atrás, estava em US$100, agora está em torno de US$60. Todos os relatórios do banco têm uma perspectiva positiva. Eles vão comprar outra empresa em breve e o preço voltará a US$100. Confie em mim, eu sei o que estou fazendo.

— Ok, não sei se gosto da ideia. Mas eu não entendo do assunto. Se você acha que é a coisa certa a fazer, vá em frente. Eu estou do seu lado.

Olhando para trás, percebo que eu não tinha a menor ideia do que estava fazendo. No entanto, meu ego inflado me impedia de enxergar e ouvir qualquer um disposto a encontrar uma falha no plano. Eu nem ouvi minha esposa. Sua intuição estava certa. Além disso, ela fez quatro perguntas simples e eu me recusei a perguntar a mim mesmo ou ao banco, porque eu estava totalmente envolvido em minha convicção. Sem perceber, eu fui dominado pelo **viés do excesso de confiança**, que nos leva a valorizar e superestimar as próprias capacidades, sejam elas de julgamento ou de tomada de decisão.

Foi assim que decidi avançar com o plano e no dia, 2 de julho de 2018, comprei 44.333 ações da Kraft Heinz a US$62 cada uma, totalizando US$2.748.646. Somado aos US$600 mil que havia comprado anteriormente, tinha cerca de US$3,4 milhões ou 90% de todo o meu patrimônio líquido investido na empresa. Considerando o percentual investido, eu podia me considerar mais dono dela do que Buffett e Lemann.

Pela primeira vez, senti que havia atingido o nível que me permitiria não viver mais com medo. Eu tinha dinheiro suficiente para ir a qualquer restaurante que quisesse, sem me preocupar com a conta. Eu tinha o suficiente para pagar a faculdade dos meus filhos tirando deles o fardo de um empréstimo estudantil. Eu não tinha medo de perder meu emprego ou mesmo tentar algo novo porque tinha recursos para sustentar minha família. Tinha não só aquele sentimento interno de orgulho e satisfação, mas uma certa empáfia por ter finalmente conseguido.

As notícias que se seguiram a partir do fato consumado eram encorajadoras. Em 3 de agosto de 2018, a Kraft Heinz divulgou os resultados do segundo trimestre de 2018, com uma mensagem muito otimista do CEO, afirmando que os resultados no primeiro semestre foram mais fortes do que as expectativas. Em 24 de setembro, a operação canadense adquiriu a *Ethical Bean Coffee*. Em 5 de outubro, foi anunciado o lançamento de um fundo de capital de risco de US$100 milhões. Em 24 de outubro, a empresa arrecadou US$625 milhões com a venda das marcas indianas *Complan*, *Glucon-D*, *Nycil* e *Sampriti* para a *Zydus Wellness Limited*. Em 1º de novembro, saíram os resultados do terceiro trimestre, foram pagos os dividendos trimestrais e Hess declarou: "Continuamos confiantes de que estamos bem-posicionados para oferecer um crescimento sustentável e lucrativo daqui para frente".

Quando os ventos começaram a mudar

Diferentemente do declarado, dali pra frente a onda de boas notícias foi ficando para trás e 2018, que começou como um bálsamo, foi se mostrando desolador. Apesar de todos os esforços da administração para dizer que a Kraft Heinz poderia se sustentar sozinha, o mercado não gostou do fracasso nas negociações com a Unilever. Eles sabiam que precisávamos de um *Mergers and Acquisitions* (M&A), que significa fusão e aquisição, para manter a máquina funcionando. As aquisições eram o óleo que mantinha a engrenagem comprar-apertar-repetir azeitada. Sem uma próxima aquisição à vista e com os resultados nada convincentes, Wall Street decidiu cobrar seu preço e derrubou o preço das ações.

> **AS AQUISIÇÕES ERAM O ÓLEO QUE MANTINHA A ENGRENAGEM COMPRAR-APERTAR-REPETIR AZEITADA.**

Aos poucos, desenvolvi um vício. Todos os dias eu acordava às 5h da manhã para me preparar para o trabalho e a primeira coisa que fazia era olhar para o meu aplicativo de finanças e verificar as notícias da empresa e o preço das ações. No início, tudo começou com esperança. Esperava por qualquer boa notícia. Eu realmente queria acordar e perceber que era tudo um pesadelo, que a dor tinha ido embora e que eu poderia voltar à minha vida normal. Eu não podia suportar a ideia de ter destruído as economias da minha família.

Mais tarde, o vício aumentou. Eu checava meu telefone durante as reuniões, quando estava conversando com as pessoas, durante atividades sociais, quando estava jantando com minha família. Eu fazia uma pausa rápida no trabalho e ia ao banheiro checar meu telefone, como se estivesse me escondendo de alguém ou fazendo algo ilegal. O sobe e desce da ação da empresa estava mexendo comigo. Quando a imprensa dava más notícias, eu ficava de mau humor. Nos poucos dias em que a ação subia um pouco, me sentia aliviado, feliz e esperançoso de conseguir uma vitória marcante. Minha vida inteira foi investida na empresa, então eu dependia dela.

A situação piorou muito em novembro e dezembro de 2018. O mercado de ações dos EUA vivia um período de baixa e dezembro foi um mês particularmente terrível: o índice S&P 500, da Standard & Poors, caiu mais de 9%, o Dow Jones teve queda de 8,7%, a Nasdaq derreteu 9,18%. Foi o pior dezembro desde 1931. As ações da Kraft Heinz não estavam melhorando, acumulando uma desvalorização de 21,7%.

Pressionado pela liquidação do mercado, o papel caiu para US$45 em dezembro de 2018. Em seis meses, eu já havia perdido US$1 milhão. No entanto, mantive minha posição e não vendi uma única ação. Por quê? Por um lado, o banco estava me dizendo que a turbulência era temporária e que a liquidação estava sendo impulsionada por temores de desaceleração econômica e preocupações com negociações comerciais entre a China e os EUA. Eles não viram uma mudança nos fundamentos da empresa e tiveram problemas para identificar a causa da extrema volatilidade, dizendo que era principalmente negociação orientada por computador – esses malditos robôs.

Mal sabia eu que estava sendo influenciado pelo fenômeno de **custos afundados**, um viés cognitivo que leva as pessoas a tomarem decisões com base em perdas que já não podem ser recuperadas. É por isso que, às vezes, um investidor decide aumentar o aporte em uma ação que está em queda tentando recuperar seu prejuízo. Quanto maior a proporção de patrimônio representada pelo valor da aposta, maior a aversão ao risco.

Eu, Lemann e Buffett erramos

Por outro lado, minhas apostas eram muito altas e, quando isso acontece, a gente acredita no que quer. Fiquei paralisado pelo medo. Vender naquela época significaria reconhecer a perda financeira, e eu via minha parceria com Buffett e Lemann como algo de longo prazo. Eu poderia fechar meus olhos e visualizar Buffett me dizendo: "Se você não está pensando em possuir uma ação por 10 anos, nem pense em possuí-la por 10 minutos". Ou "Nosso período de espera favorito é para sempre". Com essa mentalidade, pensei que todo aquele barulho era temporário e, eventualmente, o preço voltaria. Então, segurei firme na minha posição. Além disso, **a coisa mais desestabilizadora que pode acontecer a qualquer um é ter suas crenças fundamentais desafiadas.** Como diz Virginia Satir, considerada a mãe da terapia familiar, "As pessoas preferem a certeza da miséria à miséria da incerteza".

"AS PESSOAS PREFEREM A CERTEZA DA MISÉRIA À MISÉRIA DA INCERTEZA".

Aquele foi um inverno longo, frio e escuro. Minhas esperanças acabaram naquele fevereiro, o dia do Armagedom, depois que a Kraft Heinz anunciou a baixa contábil de US$ 15bilhões, o corte de dividendos de 40% e a investigação da SEC, as ações caíram 30%. Eu tinha muitas incertezas na minha cabeça e só duas certezas: eu sabia que estava ferrado e sabia que ia sofrer. Eu pensei que nunca mais experimentaria algo tão brutal, tão decepcionante, tão doloroso. Mal sabia eu que o fundo do poço ainda poderia ter um porão.

No dia seguinte, recolhi o que restava da minha coragem e chamei meu gestor para uma conversa privada. Ele era meu chefe número 11, no meu sexto ano na empresa. Minha ideia era compartilhar o que tinha acontecido. Pensei que seria uma conversa muito pragmática, mas aqui está como eu me lembro que foi:

— Chefe 11, você tem cinco minutos? Tenho algo importante para falar com você.

— Claro, vamos.

— Estou passando por um problema devastador que pode afetar a qualidade do meu trabalho, então, eu só quero que saiba que se você vir algum comportamento fora do padrão de minha parte, pode chamar a minha atenção.

— O que aconteceu? Está tudo bem? Sua família está bem?

— Perdi tudo.

— O que você quer dizer com você perdeu tudo?

— Todo o meu dinheiro, todas as economias da minha vida, perdi tudo.

— Como?

(Eu já sofrendo os efeitos no meu cérebro nebuloso e tendo dificuldade em articular as palavras).

— Perdi por causa da companhia. Quando anunciamos os resultados ontem e o preço da ação caiu para US$32, perdi tudo.

— Bem, acho que todos nós perdemos, não é?

— Você também investiu dinheiro na empresa e perdeu tudo?

— Não fomos todos? Tenho *stock options* concedidas a US$75 e US$92 e agora não valem nada e o preço nunca vai se recuperar. Eu nunca vou ter esse dinheiro de volta.

— Não, você não entende. Minha situação é diferente. Eu tenho isso também, mas isso é apenas uma promessa de vender a ação no futuro. Você não perdeu dinheiro. Você deixou de ganhar. É apenas expectativa.

— Eu sei, mas é uma perda de certa forma, não é? Eu estava contando com isso para o meu futuro.

— De certa forma sim, mas o meu é muito pior.

— O que você quer dizer?

— Ok, vou desacelerar e contar exatamente o que aconteceu. Há duas partes. Eu investi quase US$1 milhão do meu próprio dinheiro em ações da Kraft Heinz. E no ano passado eu tinha mais US$1 milhão de opções de ações que foram adquiridas e peguei dinheiro emprestado do banco para exercer essas opções. Agora que o preço da ação caiu mais de 60%, devo ao banco mais do que peguei emprestado, porque estava alavancado. O banco está exigindo que eu pague o empréstimo e me ameaçando. Vou ter que vender tudo o que me resta para pagar o empréstimo.

— Uau, essa foi uma decisão ruim.

(Eu pensando que finalmente consegui explicar o que aconteceu e encontrei alguma compaixão).

— Sim. Eu gostaria de nunca ter feito isso antes. Eu nunca vou me recuperar desse revés.

— Bem, todos nós tomamos decisões ruins. Quando entrei na Kraft Heinz, o preço das ações da empresa onde eu trabalhava era de US$70, e agora está em US$120. Meus amigos ainda riem de mim por tomar essa decisão. Além disso, você é jovem. Você tem tempo para se recuperar.

— Você não entende. Perdi US$2 milhões.

— Juliano, você não é o primeiro a perder sete dígitos.

— Ok. Isso é tudo o que tenho a dizer. Obrigado pelo seu tempo.

Saí da sala e fui direto para o banheiro. Durante todo o tempo eu estava segurando minhas lágrimas, tentando ter uma conversa normal, ainda jogando duro. Eu não queria chorar na frente do meu chefe. O que ele iria pensar sobre mim? Que eu sou fraco? Mas, escondido no banheiro, sentei-me no chão abraçando meus joelhos e chorei tentando processar o que tinha acontecido.

Quando entrei naquela sala, não sabia o que esperar, mas tinha certeza de que não esperava por isso. De repente me vi em uma competição. Quem perdeu mais? Quem tomou a pior decisão? Quem estava mais ferrado? Acho que no fundo eu estava procurando ajuda, alguma empatia, alguma conexão e talvez algumas palavras de conforto e encorajamento. Em vez disso, recebi "a perda faz parte da vida", "você não é especial".

Frente a frente com a derrota

Vivemos em uma cultura orientada para o sucesso, onde o resultado importa mais do que como se chega lá. Tudo o que aprendemos a vida inteira, especialmente como homem, é vencer, ser duro, ser o provedor, não chorar e esconder nossas emoções. Nós nos esforçamos para ser melhores do que nós mesmos para que possamos ser melhores que os outros.

Aprendemos que temos que resolver problemas, não falar sobre eles. Somos orientados a esconder nossos fracassos e nos gabar de nossas realizações. Somos classificados e comparados desde que nascemos. Em uma sociedade meritocrática, se alguém é pobre e consegue ter algum sucesso e depois o perde, não é por acaso. É pior. É culpa dele. Ele é um fracasso. Ele é o único que perdeu tudo. E isso nos leva a viver acorrentados com um medo constante da inadequação. A agitação e o impulso para alcançar as coisas são motivados por uma ansiedade de status básica.

NÓS NOS ESFORÇAMOS PARA SER MELHORES DO QUE NÓS MESMOS PARA QUE POSSAMOS SER MELHORES QUE OS OUTROS.

Fui aprovado em 39º lugar entre 1.190 inscritos na faculdade de Economia da Unicamp. Ganhei a bolsa única da Fundação Rotary Club, quando cerca de 1.000 pessoas se candidataram. Fui um dos 25 trainees da ABI na turma de 2001, quando quase 70 mil pessoas se candidataram. Construí uma autoimagem bem-sucedida e lutadora. Eu tinha um desejo interior de ter sucesso, e isso me serviu bem nas empresas em que trabalhei. Tanto a ABI quanto a Kraft Heinz eram organizações muito competitivas, onde os 10% inferiores seriam demitidos todos os anos e os 20% superiores tinham a chance de se tornarem sócios e ganhar muito dinheiro. Era para cima ou para fora. Consegui sobreviver e crescer nessa cultura por dezessete anos.

No entanto, quando perdi todas as minhas economias da vida, levei para o lado pessoal e isso se tornou quem eu era: um perdedor. Aquela imagem de alguém confiante e muito realizado na carreira, na vida pessoal e nas finanças deu lugar a alguém culpado e cheio de vergonha. Eu me via como um imprudente irresponsável, inseguro e assustado. Quando perdi US$2 milhões, eu me senti um fracassado para meus pais, para minha esposa, para meus filhos, para meus amigos, para minha empresa, para mim.

Quando o primeiro trimestre de 2019 terminou, havia muita expectativa para a divulgação dos resultados da empresa. O que vai acontecer depois daquele desastre que foi anunciado em fevereiro? A investigação acabou? A SEC encontrou mais alguma coisa? Haverá outro corte de dividendos? Os resultados serão melhores? A bolsa vai subir ou descer? Eu esperava que anunciassem resultados fortes, que a investigação tivesse terminado e a SEC não tivesse nenhuma descoberta importante, assim eu poderia me dar algum tempo para pensar no meu próximo movimento.

No entanto, em abril, a Kraft Heinz anunciou uma mudança de liderança. Bernardo Hees, que dirigira a empresa nos últimos seis anos, desde que 3G e Buffett se associaram para comprar a Heinz, estava deixando o cargo. Seria sucedido por Miguel Patrício, ex-executivo da AB InBev. Um anúncio como esse, pouco antes da divulgação dos resultados, não era sinal de boas notícias.

O novo CEO assumiria o cargo em 30 de junho. Hess ainda seria o responsável por anunciar os resultados do 1° trimestre de 2019, o que, para surpresa de todos, não aconteceu. Em vez disso, a empresa decidiu reapresentar seus relatórios financeiros dos últimos dois anos para corrigir erros apontados na investigação da SEC. Wall Street não gostou da notícia e a venda de ações continuou.

A imprensa deu muita cobertura à crise na empresa. Como bem disse o Bernardo Hess, "coisas ruins serão escritas sobre a companhia". Manchetes como "Como Buffett se deu mal no acordo com a Kraft Heinz" e "O que deu errado na KHC?" surgiam em todos os veículos de negócios. Meus amigos me mandavam mensagens ou me ligavam perguntando o que tinha acontecido com a empresa. A maioria dos meus amigos estava mais interessada em entender o que aconteceu com a empresa do que no que aconteceu comigo, já que eu não falava sobre minhas finanças com ninguém.

A partir do anúncio desastroso, eu comecei a receber várias ligações e e-mails do banco para pagar meu empréstimo. Só que para ter o dinheiro, eu teria que vender minhas ações e assumir minhas perdas. O único problema era que eu não podia fazer isso. A empresa não conseguiu publicar resultados auditados, por causa da investigação da SEC, por isso, ainda estávamos em um período de *blackout*[4], impossibilitados de negociar as ações, sob pena de ser preso, em caso de desobediência. A minha escolha estava entre tentar arriscar vender as ações para pagar o banco e tentar salvar algo, ou correr o risco de ir pra cadeia por *insider trader*. Preferi dar o exemplo que acho mais correto para os meus filhos. Quando a cotação caiu para US$32, eu devia ao banco mais do que havia investido. Em pouco tempo, passei a receber cartas de cobrança

......

4 Período em que administradores, acionistas controladores, diretores e demais funcionários de uma companhia são impedidos de negociar as ações. Normalmente isso acontece antes da divulgação de fatos relevantes.

agressivas. À medida que o cenário piorava para a empresa, a pressão do banco aumentava.

Minha exaustão era visível em meu corpo. Podia ser vista em meus olhos negros ou em todo o peso que ganhei. Por causa da minha insônia diária eu não tinha mais força de vontade para acordar às 5h da manhã e correr, então parei de me exercitar. Também desisti de resistir às tentações do açúcar e da comida reconfortante, tentando encontrar pequenos pedaços de prazer.

Certa manhã, eu estava preso no trânsito indo para o trabalho. Comecei a ficar irritado com medo de perder o trem. A irritação se transformou em raiva e, de repente, comecei a socar o painel e o volante do carro de forma descontrolada. Quando dei por mim estava chorando copiosamente. Aquele foi meu primeiro ataque de pânico. Estar à beira de perder US$2 milhões me fez ter ataques de pânico e me jogou em uma depressão profunda. Às vezes eu saía das reuniões e corria para o banheiro para chorar sem que ninguém visse. Perdi o apetite e o desejo de viver. Eu estava tão quebrado e envergonhado que me distanciei dos meus amigos. Eu não queria contar à Renata o que estava acontecendo. Eu não queria dizer aos meus filhos. Eu não suportaria olhar nos olhos deles e dizer: "Desculpem, perdi todo o nosso dinheiro".

Confessando meus pecados

Mas Renata sabia que algo estava errado, então ela começou a me pressionar. Uma noite, quando voltei do trabalho, ela estava me esperando na garagem. Ela me encurralou: — Você não vai entrar até me dizer o que há de errado.

Comecei a chorar, caí de joelhos, soluçando, com as mãos juntas no ar implorando por perdão. Não conseguia falar nada que fizesse sentido. "Desculpe, Desculpe." Era tudo o que eu conseguia dizer entre um soluço e outro. Não me lembro se durou cinco minutos ou cinco horas. Para mim, foi uma eternidade. Quando finalmente consegui falar, expliquei o que estava acontecendo e arrematei: "Eu sinto muito. Eu perdi tudo".

Ela me deu a mão e me levantou do chão e me abraçou.

— Tudo bem. Nós vamos ficar bem.

— Você não entende. Eu perdi tudo.

Entre lágrimas, ela me deu um abraço apertado.

— Você ainda tem a gente. É apenas dinheiro. Vamos sair dessa confusão juntos.

Cada lágrima que escorria dos olhos de Renata era como um punhal cortando meu coração. Foi um dos momentos mais difíceis daquele período.

Também não foi fácil dizer às crianças que tínhamos que cancelar a viagem e que não iríamos mais para a Espanha. Quando finalmente reuni coragem para sentar e contar, vi a decepção e a tristeza no rosto do Lucas. O sorriso desapareceu de seu rosto. Seus olhos caíram e ficaram lacrimejantes enquanto ele tentava segurar as lágrimas. Ele tinha apenas doze anos e estava tentando conter seus sentimentos. Não tive coragem de contar o verdadeiro motivo pelo qual a viagem não estava acontecendo. Em vez disso, eu menti: "apareceu algo no trabalho e papai não pode viajar". Bia, que tinha dez anos, me deu um abraço e disse: "tudo bem pai, podemos ir ano que vem".

Logo meus pais também descobriram que algo estava errado. Em nossas conversas semanais eu já não tinha tanto assunto. Eu tentava desligar logo para não deixar transparecer, mas em um determinado momento não tinha mais como esconder. "Você não está legal, você não está bem". Eu neguei o quanto pude porque tinha a esperança de resolver a situação, mas no auge do desespero acabei contando. Eles tentaram me consolar: "Deus não dá a cruz mais pesada do que a gente consegue carregar. Se Ele está te dando essa cruz, tem algum motivo. Confia em Deus e bola para a frente".

O fundo do poço tem porão

Eu deveria ter analisado antes quanto dinheiro eu aguentaria perder, e esse deveria ser o meu limite. No entanto, a palavra perda não fazia parte do meu vocabulário. Apenas quatro meses após comprar as ações, o preço caiu de US$63,95 para US$52. Os e-mails de cobrança do banco se intensificaram por eu estar perto da minha chamada de margem, aporte necessário para compensar a desvalorização da garantia. Como eu estava impossibilitado de vender minhas ações, tive que vender todos os meus outros ativos, a única fonte de diversificação que eu tinha para atender às demandas do banco e esperar que o preço da ação subisse ou que a empresa publicasse os resultados para que eu pudesse vender as ações.

E foi assim que cada centavo que evitei gastar economizando para o futuro, desapareceu. Todos aqueles anos de contenção por nada. Eu estava em choque olhando para a tela do meu computador incapaz de fazer qualquer coisa, apenas vendo o trabalho da minha vida virando pó.

Durante várias discussões com meu assessor de investimento e muitas outras pessoas do banco, tive que ouvir frases como: "o banco nunca perde"; "agora é fácil olhar para trás e achar culpados", "acho que aprendemos que o chão é o limite"; e talvez, a melhor de todas: "não houve problema com nossa estratégia. O problema era a sua garantia".

Um dia, voltei do trabalho e todas as luzes da casa estavam apagadas. As crianças já estavam em seus quartos e minha esposa estava no nosso, no escuro. Aproximei-me da porta e ouvi alguns soluços e choro suave. Acendi as luzes e vi seus olhos vermelhos e seu rosto inchado. Perguntei o que tinha acontecido. Ela não conseguia falar. De repente, desabou a chorar. Coloquei sua cabeça no meu ombro, tentando acalmá-la para que as crianças não a ouvissem e começassem a questionar o que estava acontecendo. Quando ela finalmente conseguiu respirar e falar, ela me disse gaguejando: "E-e-eu fui ao supermercado hoje e simplesmente não consegui entrar. Não consegui sair do carro. Eu sentei e chorei. Eu não sabia se tínhamos dinheiro para as compras. Eu não sabia quanto poderia gastar. Fiquei paralisada dentro do estacionamento por mais de meia hora e depois voltei para casa".

Quando ouvi isso, meu coração se despedaçou. "O que eu fiz? Eles não deveriam passar por essa dor. Foi tudo minha culpa". Meu casamento pagou um preço enorme. Eu não me perdoava por ter acabado com nossas economias, não conseguia encarar minha esposa. "Seremos capazes de pagar o banco? Você vai perder o emprego? Vamos ter que nos mudar de novo? Vamos ter que voltar para o Brasil e começar outra vez?". Eu não tinha resposta para as perguntas dela. Senti como se tivesse ido a Las Vegas e gastado todo o nosso dinheiro no cassino.

Como se não bastasse, alguns meses depois, em maio de 2019, sua avó faleceu no Brasil. Elas eram muito próximas e essa notícia a abalou muito. Perder uma pessoa tão especial naquele momento foi doloroso. E para piorar, em junho de 2019, o Zeca morreu. Zeca era um maltês branco, que eu dei para minha esposa como presente de Dia dos Namorados e que estava conosco havia quinze anos. Eu estava viajando muito a trabalho, então pensei que um amigo peludo poderia ser uma boa companhia. Renata e eu sempre nos lembrávamos do dia em que o pegamos.

Levei-a a um pet shop para escolher o cachorrinho como surpresa. Não sabíamos exatamente o que queríamos, então o dono trouxe 6 ou 7 cães diferentes. Todos brincavam ou perambulavam pela loja. Mas não o Zeca. Ele foi direto para os braços dela, abanando o rabo como se dissesse "me pegue". Naquele momento, não tivemos dúvidas. "É este". Entramos querendo escolher um cachorro para fazer parte da nossa vida, mas foi ele que nos escolheu. Ele cresceu como nosso primeiro filho e esteve conosco em todas as mudanças. Sempre tinha uma cara de perplexidade quando começávamos a fazer as malas. Era como dissesse "De novo? Acabamos de chegar!".

Quinze anos é uma vida longa para um cão, mas no final ele estava bem doente. Com a idade, perdeu a visão e estava tendo muitos problemas de saúde. Não tinha mais energia e já não conseguia fazer festa quando chegávamos à casa. Ele desenvolveu mal de Parkinson e episódios de epilepsia. Em junho, após uma de suas crises, Renata o levou ao veterinário e recebi uma ligação emocionada no meio do dia. "Não sei o que fazer, o veterinário está dizendo que Zeca não tem esperança e que será melhor sacrificá-lo. Eu simplesmente não posso fazer isso".

Nós dois choramos pelo telefone, pesando os prós e os contras dessa decisão e, depois de muitas lágrimas, decidimos que seria melhor libertá-lo de sua dor. Às vezes a vida fica muito difícil de ser vivida e a morte parece uma solução óbvia. Mas a morte tem consequências para quem fica para trás. A perda do Zeca naquele momento acrescentou muito mais escuridão ao nosso luto. Definitivamente, 2019 estava sendo um ano terrível.

"ÀS VEZES A VIDA FICA MUITO DIFÍCIL DE SER VIVIDA E A MORTE PARECE UMA SOLUÇÃO ÓBVIA."

Fim da linha

Quanto mais a ação caía, mais cobrança eu recebia. Mas continuava sem saber como resolver. Nem mesmo Buffett sabia. Quando questionado na CNBC sobre o que estava acontecendo, ele disse: "Eles [Kraft Heinz] têm que explicar por que não assinaram [o balanço], mas eles não assinaram... Tem alguma coisa acontecendo". E acrescentou, "Pagamos demais pela Kraft".

O problema é que as declarações de Buffett têm impacto direto no mercado e isso não me ajudou. A ação caiu para US$27,4 no final de maio de 2019. A esse preço, meu empréstimo era maior que minha garantia e eu já estava inadimplente. A entrevista de Buffett provavelmente desencadeou todos os tipos de alerta no departamento de crédito bancário. A escalada da agressividade foi bem rápida. Transferiram meu relacionamento de conta da equipe de gerenciamento de riquezas (*wealth management*) em Nova York para o escritório latino de Miami. Eu tive que começar a falar com pessoas que não me venderam o empréstimo e não tinham histórico de como cheguei àquele ponto. Eles removeram meu acesso ao banco online para que eu não pudesse sacar dinheiro de minhas outras contas. Todas as correspondências passaram a vir carimbadas pelo departamento jurídico.

O nocaute veio em julho de 2019, quando o banco rescindiu o contrato e exigiu o pagamento integral da dívida, mesmo sabendo que não poderia vender nenhuma de minhas ações. Palavras bonitas como "cliente preferencial", "alto potencial de riqueza", "estamos aqui para ajudá-lo", deram lugar a "inadimplente" e "não posso fazer nada". No curto espaço de um ano fui do céu ao inferno. Como se não bastasse, eles começaram a enviar cartas para minha casa.

Em uma noite cheguei à casa e novamente estava tudo escuro. Por um segundo achei que todos tinham saído, mas enquanto caminhava da garagem para a cozinha, vi minha esposa sentada à mesa, sozinha, de cabeça baixa e soluçando. Ela não conseguia falar. Com os olhos inchados, me entregou uma carta com o logotipo do banco e perguntou com a voz trêmula: "O que vamos fazer?".

Ela tinha em mãos uma carta de cobrança exigindo o pagamento integral de US$1.650.000 mais juros diários. "O que vamos fazer?", ela continuou perguntando. Com a energia que me restava, eu disse: "Nada. Vamos entregar nas mãos de Deus".

Escalando o problema

As coisas no trabalho também não estavam ajudando – nova gestão, reviravolta, incerteza, pressão por resultados. Minha carreira estava estagnada, meu casamento estava desmoronando, afastei meus filhos e amigos, fiquei isolado e os sintomas da minha depressão pioraram. Eu estava chegando ao meu limite.

Nesse momento decidi compartilhar minha história com alguém que eu conhecia desde que entrei na empresa, há sete anos atrás. Alguém que eu achava que iria ter algum cuidado, já que me conhecia há muito tempo. Vou chamá-lo de senhor C-level. Ele era um homem muito ocupado, então fiquei grato por ter alguns minutos de sua atenção e compartilhei uma versão resumida do que aconteceu comigo.

Para minha surpresa, sua primeira reação foi: "Puta que pariu, por que você foi fazer essa merda?", o que me deixou sem palavras... "Ah, porque eu achei que era uma boa ideia e não sabia que vocês iam destruir a empresa" – pensei, mas não tive coragem de dizer nada. Em segundos ele acrescentou: "Você deveria ter me perguntado antes, agora não posso fazer muito".

Como meu chefe número 11, o Sr. C-level também me disse que eu era jovem e tinha tempo para me recuperar das minhas perdas. Acho que, de todas as "gentilezas" que ouvi naqueles dias, essa foi a pior. Não só porque eu sabia que tinha demorado 20 anos para acumular US$2 milhões, mas também porque, aos 42 anos, eu já estava na metade da minha carreira profissional e não teria tanto tempo para aproveitar os benefícios dos juros compostos dos meus investimentos. Falar com ele foi um erro. Ele não é a pessoa mais empática do mundo e tem mil coisas mais importantes para resolver. Mas a lição mais importante que eu levei um tempo para aprender foi que eu compartilhei minha história da forma errada. Quando entrei na sala para contar o que havia acontecido, não estava sendo sincero. Eu estava tentando pedir ajuda. Eu pensei que estava sendo vulnerável, mas estava usando minha história como uma ferramenta para obter algo em troca. Eu não sabia exatamente o que eu queria. Talvez outro pacote de opções de ações; talvez um pedido de desculpas pelo que fizeram aos acionistas. Eu estava desesperado.

Eu me sentia indigno de tudo que eu tinha. Já havia passado do ponto de me preocupar com o futuro da empresa e sentia que não pertencia mais àquele lugar. No entanto, em meio a essa ilha de isolamento, uma coisa me incomodou muito no trabalho: não poder estar lá para minha equipe e ajudá-los a navegar nessas águas turbulentas. Eu me sentia responsável por aquelas pessoas, por suas carreiras e seu desenvolvimento. E não estar próximo me deixou ainda mais culpado.

Nossa equipe se reunia toda segunda-feira de manhã e toda vez que eu tentava dizer algo, mas não conseguia, sentia que estava sendo desonesto com eles. Um dia decidi dar um basta e não mais esconder minha história.

— Gente, eu tenho algo para compartilhar com vocês hoje. Está fora do roteiro, é totalmente pessoal, mas está impactando nossa relação e por isso acho que merecem saber. Meu único pedido é que mantenham isso aqui, nesta sala, ok?

Houve um profundo silêncio. Todos olharam para mim com uma mistura de susto e dúvida.

— Estou passando por um momento difícil. Tomei uma decisão financeira errada e isso me custou todas as economias da minha vida. Afetou minha vida pessoal. Ter que recomeçar aos 42 anos com esposa e filhos não é fácil. Estou com insônia, dificuldade de concentração e perda de memória de curto prazo. Sinto não estar presente e próximo. Não estou compartilhando isso como uma desculpa e não quero que vocês evitem vir até mim por causa disso. Pelo contrário. Eu pensei que se vocês soubessem, isso tornaria nosso relacionamento melhor e mais aberto. Estou dando a vocês a liberdade de vir até mim para qualquer coisa e também para me chamar quando sentirem que estou ausente.

Longo silêncio na sala.

Eu estava lutando para segurar as lágrimas, mas quando olhei para o outro lado da sala e vi Sarah chorando com os olhos vermelhos, não consegui mais segurar. Enxugando os olhos, ela disse: "Sinto muito". Matt disse: "Se houver algo que possamos fazer, avise-nos".

Eu não sabia o que esperar quando entrei naquela sala, mas o apoio que senti foi enorme. Não contei como perdi minhas economias, não importava. Após alguns minutos de soluço, tentei quebrar o gelo e me virei para Sarah e disse: "Estava tudo indo bem, até você começar a chorar". Rimos um pouco e voltamos à nossa programação normal. Esse episódio mudou minha vida e a maneira como escolho interagir com as pessoas. Tudo isso me ensinou o que é a verdadeira vulnerabilidade.

Perdendo o ônibus

Minha fome interior de sucesso foi o que me levou a trabalhar nas empresas em que trabalhei, com uma cultura competitiva, com sede de ambição. Por quase 20 anos vivi sob o mantra: "Sonhar grande ou sonhar pequeno dá o mesmo trabalho, então devemos sonhar grande". Continuamente havia o próximo objetivo a ser alcançado, a outra empresa a ser adquirida, o próximo pacote de *stock options* a ser obtido. Por mais que tivéssemos conquistado, sempre havia a pergunta: "o que vem a seguir?".

Sem perceber eu estava correndo na esteira hedônica. Nem a ABI nem a Kraft Heinz fizeram da ambição um segredo. Foi a visão que partilhamos: "Ser a maior e melhor empresa de bebidas" e "Ser a melhor empresa de alimentos". A ABI conseguiu fazer isso acontecer. Ao longo de trinta anos, eles passaram de uma cervejaria no Brasil para o maior player do mundo engolindo seus concorrentes. A Kraft Heinz tinha os mesmos donos e a mesma mentalidade. Queríamos ser a ABI da comida, para repetir a história.

Quando a derrocada chegou para a empresa e para mim, não sabia o que fazer. Não haveria mais aquisições, nem crescimento, nem sonhos grandes. Como disse o próprio Jorge Paulo Lemann[5]: "O sonho grande que tínhamos para a Kraft Heinz não saiu como esperávamos. Não é mais possível construir algo no ramo de alimentos como fizemos no ramo de cerveja. Nós tentamos, não funcionou e vamos consertar".

Eu também perdi meu senso de pertencimento. Eu estava na empresa desde o primeiro dia, quando Buffett e 3G adquiriram a Heinz e fui sócio desde o início. Tendo trabalhado na AB InBev antes, sendo sócio de lá e conhecendo a cultura dos fundadores, sabia que ser sócio era a melhor forma de construir riqueza dentro da empresa por causa dos incentivos de ações concedidos. Na Kraft Heinz, o processo para se tornar um parceiro foi muito discricionário. Como dizia o ex-CEO Bernardo Hess: "Este é um clube exclusivo, apenas para convidados. Eu sou o guardião entre a empresa e o conselho". Quando perguntado quais eram os critérios para se tornar um sócio, ele dizia: "É uma mistura de resultados e potencial. Procuro pessoas com um brilho nos olhos".

Ser sócio significava "estar no ônibus". Primeiro quem, depois o quê. Colocar as pessoas certas no ônibus é um conceito desenvolvido no livro *Feitas para durar*[6] (*Good to Great*), de Jim Collins e Jerry I. Porras, que foi uma força influente na cultura 3G. De acordo com essa teoria, "aqueles que constroem grandes organizações certificam-se de que têm as pessoas certas no ônibus e as pessoas certas nos assentos principais antes

......

5 Site para consulta: <www.bloombergquint.com/markets/billionaire-lemann-wins-tennis-match-in-brazil-finance-event>.

6 COLLINS, Jim; PORRAS, Jerry I. **Feitas para durar:** Práticas bem-sucedidas de empresas visionárias. 1ª edição. Rio de Janeiro: Alta Books, 2020.

de descobrir para onde vão. Eles sempre pensam primeiro em "quem" e depois no "o quê". "Ao enfrentar o caos e a incerteza, sua melhor estratégia é ter um ônibus cheio de pessoas que possam se adaptar e ter um desempenho brilhante, não importa o que venha a seguir. Grande visão sem grandes pessoas é irrelevante".

Todos os anos a empresa realizava um "encontro de sócios", no qual dava as boas-vindas aos recém-chegados, atualizavam sobre o desempenho da empresa e os planos para o futuro. Depois que a empresa anunciou seus resultados desastrosos e as ações afundaram, todos os sócios viram suas *stock options* a um preço abaixo do valor de outorga e a promessa de enriquecer desapareceu. Havia muita ansiedade e especulação sobre o que a empresa ia fazer: vão ajustar o preço, vão dar bônus de retenção para não perder grandes talentos, vão dar mais ações? O nível de incerteza aumentou ainda mais com a mudança de liderança. "O que o novo CEO vai fazer?", era uma pergunta que todos nós estávamos fazendo.

A vantagem de fazer parte de "um clube exclusivo" é que se pode ampliar as relações e altos níveis de confiança entre seus pares. Como sócios, todos compartilhamos sonhos semelhantes, expectativas semelhantes e, dadas as circunstâncias, frustrações semelhantes. Em uma das conversas no corredor para desabafar sobre a situação com um colega, perguntei a ele se havia ouvido alguma atualização sobre bônus de retenção e novas concessões de *stock options*. Foi quando aprendi o significado da palavra discricionário. A reunião já havia acontecido, as pessoas selecionadas foram comunicadas e eu não fazia parte delas. Essa foi uma possibilidade que nunca passou pela minha cabeça. Eu achava que já fazia parte do clube e não pensei que pudesse ser desconvidado. É claro que ser discricionário significava que o CEO e a liderança tinham o livre arbítrio para escolher quem quisessem e conceder tanto dinheiro quanto quisessem.

Por toda a minha vida, senti como se compartilhássemos os mesmos sonhos, lutamos contra os mesmos inimigos, mas agora eu não tinha mais um assento no ônibus. Quando descobri que não estava entre a nova geração de sócios, e não fui contemplado com um novo pacote de ações, senti que não era necessário para a nova fase da empresa. A mensagem era clara. Além disso, pensei que essa era a única maneira de reconstruir minha riqueza. Esse era o único caminho que eu conhecia. Eu nunca usei drogas, mas posso imaginar que esse sentimento deve ser muito parecido com os usuários de heroína. Perdi toda a minha riqueza investindo em ações da Kraft Heinz e como eu achei que iria reconstruí-la? Com mais ações da Kraft Heinz.

Que irônico. Aquele capítulo da minha vida acabou, eu precisava aceitá-lo. O velho eu havia morrido e as receitas que eu usava antes não iriam mais funcionar. Eu sabia que o universo estava me ensinando uma lição muito importante e precisava encontrar sentido em minhas perdas. Eu estava sendo desafiado a mudar.

Será que eu pulo agora?

Quando minha família e eu nos mudamos de Pittsburgh para Chicago, começamos a procurar um lugar que se parecesse com o que tínhamos em "Burgh". Morávamos no subúrbio, em um estilo de vida típico de classe média: casa bonita, quintal grande e aberto, dois carros. Pudemos viver o sonho americano que estávamos acostumados a ver em filmes no Brasil. Além disso, Pittsburgh foi o lugar que passamos mais tempo desde que nos casamos. Estivemos lá por cinco anos. Renata e as crianças desenvolveram um sentimento de pertencimento. Eu nunca estive lá, sempre viajando, então não tive as mesmas amarras. Além disso, eu nem questionava as constantes mudanças, pois se havia uma missão eu tratava de cumpri-la. O dia em que eu disse a eles que estávamos nos mudando para Chicago foi difícil. Eu estava tirando o que eles valorizavam – a casa que construímos, seus amigos, sua rotina – para seguir minha carreira e ajudar a empresa.

Decidimos morar nos subúrbios de Chicago e, apesar do longo trajeto, foi o mais próximo que chegamos de replicar o que tínhamos antes, devido ao alto custo dos imóveis na região. Eu pensei que poderia lidar com o trajeto desde que eles estivessem felizes. Levava uma hora e meia para ir de carro até a estação, fazer a viagem de trem e caminhar até o escritório. O trem passou a fazer parte do meu dia a dia e nunca pensei que pudesse ter outra utilidade além de me levar para o trabalho.

Após a divulgação dos resultados, a pressão cresceu exponencialmente. Muitas mudanças na liderança estavam ocorrendo. Embora isso não fosse exatamente algo novo, naquele momento atingiu níveis insalubres. Eu, por exemplo, tive doze gestores diretos em sete em anos.

Como os resultados foram abaixo da média, a pressão e o senso de urgência para mudá-los foram enormes. "Turnaround" foi uma palavra que passou a fazer parte do cotidiano da empresa. Até hoje, ainda estou tentando entender como passamos de "uma força de consolidação no mundo de bens de consumo", no primeiro semestre de 2018, para "precisamos dar uma virada", em 2019. A rádio peão especulava quem seria o próximo a sair e se haveria demissões.

Ter trabalhado tanto nos últimos seis anos para ajudar a construir "a melhor empresa de alimentos" e depois ouvir que precisávamos "consertar a empresa" me causou um enorme incômodo. Pessoalmente, eu estava passando por um momento difícil e carregar aquele peso tornava o trabalho insuportável. Não porque houvesse muita pressão, ou mudanças de liderança ou estratégia. Eu cresci neste ambiente, então eu sabia como sobreviver. O que era novo para mim era que eu também precisava reconstruir minha vida e precisava de tempo e estrutura mental para fazer isso. Eu estava carregando muita raiva e ressentimento dentro de mim e pensava: "Como vou gastar todo o meu tempo consertando um lugar que destruiu minha vida?". Eu não tinha nem o desejo nem a vontade de fazê-lo. Eu só ia trabalhar porque precisava, porque tinha uma família para alimentar e contas para pagar, mas não queria colocar minha energia naquele lugar onde apostei todas as minhas fichas e perdi tudo.

Alguns dias, a caminho do trabalho, eu passava meus quinze minutos no carro com raiva, gritando comigo mesmo "por que diabos você fez isso?". Alguns dias, eu orava a Deus para tirar essa dor e me ajudar a encontrar uma saída. Outros eu apenas sentava no carro e chorava. Quando chegava no estacionamento da estação, tinha que me recompor para entrar no trem e não deixar ninguém me ver naquele estado.

Eu costumava pegar um trem expresso cedo para minimizar meu tempo de trânsito e chegar ao trabalho mais cedo. Um dia a caminho do trabalho, o trem parou, o que era incomum. O burburinho estava aumentando com as pessoas conversando e se perguntando o que havia acontecido, reclamando que se atrasariam para o trabalho. Após alguns minutos de incerteza no ar, o condutor anunciou: "Caros passageiros, lamentamos informar que tivemos um acidente. Infelizmente, alguém pulou na frente do trem e tivemos que chamar a polícia para resgatar o corpo. Pedimos desculpas por qualquer inconveniente e retomaremos o trajeto assim que possível". O falatório ficou ainda maior e o olhar das pessoas era de descrença. Eu, por outro lado, tinha um sorriso psicopata no rosto, quase como Jack Nicholson, em *O Iluminado*. "É isso" – disse a mim mesmo – "é isso. Vou pular na frente do trem. Eu vou me matar".

Aquele pensamento desesperado fez muito sentido para mim. Eu tinha um seguro de vida que valia US$1,5 milhão. Na minha cabeça, eu ia matar dois coelhos com uma cajadada só: era uma forma de reparar o que eu fiz e deixar algo para Renata e as crianças e acabaria com a minha dor. Pular na frente do trem não era uma tentativa de morrer. Seria uma tentativa de parar a dor e fazer o certo pela minha família. Eu estava sem esperança e não estava vendo como conseguiria recuperar aquela quantia de dinheiro para pagar minha casa, a faculdade dos meus filhos e até pensar em aposentadoria. O valor do seguro era quase o mesmo que tinha perdido, e minha esposa poderia viver confortavelmente por algum tempo. Foi a forma que encontrei para compensar o erro que havia cometido. Na minha cabeça eu não tinha mais nada a perder. Eu já havia perdido tudo: minha riqueza, minha carreira, meu orgulho, minha sanidade, minha identidade.

Eu me sentia tão derrotado que pensei que se eu morresse ninguém se importaria e ninguém iria ao meu velório. Eu visualizava meu corpo em um caixão e uma sala vazia. Nenhum dos meus amigos apareceria porque não iriam querer se associar a um perdedor. Minha esposa e filhos também não estariam lá. Eles ficariam tão desapontados e descontentes com o que eu fiz que não pagariam nenhum tributo à minha morte. Esse era um grande medo que eu tinha, de morrer sozinho. Pensando comigo mesmo, eu estava fazendo um favor a todos. Havia apenas um problema que eu tinha que resolver: a morte teria que parecer um acidente para que o seguro fosse pago à minha esposa.

Por várias semanas eu cultivei a ideia. Todas as manhãs, enquanto esperava o trem, sendo empurrado por dezenas de pessoas, ouvia o mesmo anúncio: "Caros passageiros, o próximo trem para Chicago está chegando à sua estação. Para sua segurança, fique atrás da linha amarela até que o trem pare completamente". Eu chegaria alguns minutos mais cedo apenas para conseguir um lugar privilegiado na beirada da plataforma. Eu cruzava meus pés lentamente na frente da linha amarela, testando os limites da minha coragem. Eu ia e voltava várias vezes, até que o trem se aproximou e eu desisti da ideia naquele dia. O plano precisava ser aperfeiçoado. Eu estava calculando a velocidade do trem e pensando se isso seria suficiente para me matar ou não. Pensei em começar uma discussão com uma pessoa aleatória e forçá-la a me empurrar para os trilhos. A cada dia eu estava cada vez mais determinado a fazer acontecer, mas quando não tinha coragem de fazê-lo, me sentia ainda mais frustrado.

Não tive coragem nem de tirar a própria vida e só me restava entrar no trem e ir para o trabalho.

Essa tristeza fez meu buraco mais fundo a cada dia. O estresse que eu estava vivendo aumentou minha ansiedade, deixou minha memória fraca e me fez perder a capacidade de concentração. Tinha insônia todas as noites. No entanto, o pior sintoma foi a desconexão da minha família. Eu não estava falando muito com minha esposa porque qualquer conversa acabava em uma briga ou com um de nós machucando os sentimentos do outro. Eu estava distante dos meus filhos porque me sentia culpado e constrangido. Às vezes, quando eles estavam felizes fazendo qualquer outra coisa, apenas alheios ao que aconteceu, eu olhava seus rostos inocentes. Eu tinha que segurar as lágrimas. Fiquei profundamente triste. Tudo o que eu queria fazer era abraçá-los e dizer "me desculpem". Eu estava me tornando uma ilha, afastando minha família e meus amigos.

Finalmente, o resultado

Quando a empresa finalmente pôde anunciar seus resultados, em 8 de agosto de 2019, o novo CEO, Miguel Patrício, aumentou o arsenal de más notícias, fazendo mais uma baixa contábil de US$4 bilhões e diminuindo os lançamentos de novos produtos pela metade. Era uma tentativa de "limpar a casa" (e o balanço também). A empresa viu suas vendas caírem 5% e o lucro operacional despencar surpreendentes 55%. Isso fez com que a ação registrasse queda de 13%, atingindo a mínima histórica de US$25 no mesmo dia. Esse valor era quase o mesmo da Heinz, antes da fusão com a Kraft, ou seja, era como se em quatro anos todo o valor da Kraft tivesse evaporado.

Assim que o resultado foi divulgado, o período de *blackout* finalmente foi suspenso. No dia seguinte, em 9 de agosto, recebi uma correspondência do banco, exigindo que eu pagasse meu empréstimo integralmente, caso contrário, haveria consequências. Era uma carta de cobrança muito agressiva. Sem tempo para pensar ou lamentar, fui forçado a tomar uma decisão. Como um boxeador que foi golpeado por dez rounds, eu estava no corner, cansado, me segurando nas cordas, mal conseguia parar em pé. Em 10 de agosto de 2019, vendi todas as minhas 44.333 ações da Kraft Heinz por US$22,50, depois de comprá-las por US$62 um ano antes.

> **O CAMINHO DOS US$2 MILHÕES AO ZERO FOI MAIS DOLOROSO E CHEIO DE ESPINHOS DO QUE O CAMINHO DE ZERO AOS US$2 MILHÕES.**

Pode parecer estranho, mas fiquei aliviado quando ouvi o sino e perdi a luta. Pelo menos a incerteza e o assédio terminariam. Apesar da minha realidade ter mudado num piscar de olhos, estou plenamente consciente de que existem centenas de coisas piores que poderiam ter acontecido. Mas posso garantir que o caminho dos US$2 milhões ao zero foi mais doloroso e cheio de espinhos do que o caminho de zero aos US$2 milhões. Alguns economistas comportamentais, como Daniel Kahneman e Amós Tversky, estimam que os efeitos da dor da perda de dinheiro sejam 2,5 vezes a magnitude do efeito positivo quando as pessoas ganham dinheiro. Tendo passado pelo que passei, acho que faz sentido. Como diria Maquiavel, "os homens esquecem mais rapidamente a morte do pai do que a perda do patrimônio".

Aceitando a perda

No aniversário de 11 anos da Bia, em novembro de 2019, a levamos para um jantar especial de aniversário. Tínhamos uma pequena tradição familiar de que cada um poderia escolher seu restaurante favorito para o aniversário. Ela sempre escolhia o mesmo lugar, *The Melting Pot*, um restaurante de fondue. Sua parte favorita era mergulhar o marshmallow na panela de chocolate derretido. Estávamos só nós quatro e eu tinha todos os motivos para estar feliz: minha família estava lá comigo, minha filha estava alegre e estávamos comemorando um momento especial. Mas a felicidade e a ternura em seus olhos contrastavam com meu olhar preocupado e derrotado. Lá estava eu, apenas de corpo presente, com minha mente vagando em diferentes lugares, imaginando quanto seria a conta, se eu poderia pagar por aquele jantar, se eu teria um trabalho para comemorar o próximo aniversário, se eu estaria por perto no ano que vem.

Minha mente era como uma máquina do tempo e me fez voltar vinte anos, naquele restaurante com os amigos executivos de banco do meu amigo. Todos aqueles sentimentos de escassez, medo, decepção e inferioridade voltaram. Mas desta vez eu tinha minha família. Vinte anos depois daquela experiência traumatizante de um jovem desempregado, quando pensei que tinha superado aquele episódio, os sentimentos voltaram, agora, potencializados pela minha situação familiar.

Vendo meu olhar vidrado, Bia perguntou com toda sua inocência:

— Papai, o que houve?

— Nada.

— Então por que você parece tão triste?

— Não estou triste querida, estou bem.

— Não, você não está. Fiz algo de errado? Se você não gosta da comida daqui, posso deixar você escolher o restaurante para o meu aniversário no ano que vem.

Essa frase foi mais um soco na cara. Minha garotinha estava pensando que minha tristeza era culpa dela. Uma menina de 11 anos estava desistindo de seu restaurante favorito para me fazer mais feliz. Aquele foi o meu despertador. Eu tinha que fazer alguma coisa. Eu não poderia arrastá-los para aquele buraco comigo.

Eu não podia seguir em frente com meus planos suicidas. Como eles se sentiriam vivendo com o trauma do corpo de seu pai encontrado em um trilho de trem? Achei que, mesmo que tivessem o dinheiro do seguro, ele não seria suficiente para pagar a dor de crescer sem pai. Dinheiro não é substituto para um pai presente. Eu já tinha tomado muito deles, não tinha o direito de me tirar também. A decisão de quando eu deveria ir cabia a Deus, não a mim. Eu tinha que encontrar uma maneira de acabar com meu sofrimento e já era hora de me levantar e dar um rumo à minha vida.

Foi quando finalmente aceitei minha perda. Eu sabia que tinha cometido um erro enorme. Mas *eu* não era um erro. Descobri que tinha muito mais para viver. Eu ainda precisava estar aqui para ver meus filhos se formarem na faculdade, casar e ver meus netos. Haverá muitas outras comemorações das quais quero fazer parte. Eu ainda queria que o sorriso do Lucas e o abraço caloroso da Bia fizessem parte da minha vida. Aprendi a apreciar tudo o que tinha e descobri que a busca por dinheiro, carreira e sucesso pessoal me deixava cego para outras bênçãos na vida. Perdi todo o meu dinheiro, mas ainda tinha saúde, o amor incondicional de meus pais, minha esposa e filhos.

Eles atacaram novamente

Responder à pergunta "como foi seu fim de semana" foi um dos meus trabalhos mais difíceis na maior parte de 2019. Eu sei que isso é apenas um começo de conversa e, na maioria das vezes, as pessoas não estão realmente interessadas na resposta. Elas só querem mostrar alguma empatia, conversar um pouco e começar o dia. No entanto, para mim, essa pergunta ganhou um significado totalmente novo. Eu estava respondendo com um monossilábico bom, mas minha expressão facial, meus olhos escuros e minha linguagem corporal diziam algo completamente diferente.

Como não saí com um megafone anunciando ao mundo que perdi todas as economias da minha vida, era muito difícil para qualquer um entender o que estava acontecendo. Afinal, eu ainda estava morando na mesma casa, dirigindo o mesmo carro, trabalhando no mesmo emprego, postando fotos sorrindo no Instagram. Acho que para quem olhava de fora foi muito difícil conciliar minhas palavras com meus atos e minha aparência. Provavelmente perdi toda a minha serotonina, andava de cabeça baixa, hesitava em tomar decisões e não revelava minha verdadeira disposição.

Sem querer conversar com ninguém, eu costumava almoçar sozinho. Ia ao restaurante na altura do 80º andar do AON Center Building, onde ficava o escritório central da Kraft Heinz. Escolhia uma mesa na janela, com uma bela vista para o lago Michigan, e fazia minha refeição. Em um desses dias, estava lá brincando com minha comida e buscando respostas. "Por que estou sendo punido por Deus? Por que eu tive que perder todo o meu dinheiro, por que não apenas 20%, 30%, talvez metade? Por que precisava ser tudo? Por que não cheguei à lista de novos sócios? Como vou encarar meus filhos e contar a eles o que aconteceu?". Apesar de não ter perdido o emprego, o sentimento era quase o mesmo: rejeição. Naquele momento, em particular, me senti completamente rejeitado por um lugar ao qual eu tinha apostado tudo, literalmente.

Examinei as outras mesas e me senti ainda mais triste. Todo mundo estava ocupado, conversando, comendo, vivendo uma vida normal. Essa era a única coisa que eu queria naqueles dias: voltar à minha vida normal. Uma mesa específica chamou minha atenção. Vi dois caras de terno conversando com um amigo. Éramos muito informais e não usávamos paletó e gravata no trabalho, então fiquei imaginando quem falava com ele. Quando eles se levantaram, meu queixo caiu. Eram os dois assessores financeiros que me aconselharam na minha transação. Fiquei atordoado. "Como esses caras se atrevem a vir aqui depois do que fizeram comigo?". Minha primeira reação foi ir lá, xingá-los e talvez dar um soco. Mas eu não tinha forças para nada.

Quando foram embora, aproximei-me do meu amigo e perguntei de forma direta:

— Que porra esses caras estão fazendo aqui?

A resposta foi chocante.

— Eles estavam aqui para falar sobre algumas opções de investimento. Me disseram que as taxas de juros estão baixas e que o mercado de ações tem um bom desempenho e uma perspectiva forte. Ofereceram algo chamado empréstimo de margem, onde eu poderia pegar dinheiro emprestado com taxas vantajosas para investir no mercado e ganhar dinheiro com a arbitragem e só teria que dar a eles uma garantia. A única parte ruim é que, dado o que aconteceu com a Kraft Heinz, eles não estão mais aceitando as ações da empresa como garantia.

Ouvir meu amigo me virou o estômago. Eu simplesmente não conseguia acreditar que eles estavam ali, vendendo o mesmo produto depois de tudo o que aconteceu comigo.

— Eles contaram o que aconteceu comigo?

— Não.

— Você tem cinco minutos antes de destruir sua vida?

— O que você quer dizer?

Contei minha história. Pelo seu olhar, ele foi capaz de ligar os pontos. Ele estava sendo levado a tomar uma decisão semelhante. Se eu não estivesse lá naquele exato dia, naquele exato momento, talvez, ele estivesse agora no caminho do inferno.

— Cara, isso é loucura. Você tem que escrever um livro e compartilhar sua história para evitar que outras pessoas cometam o mesmo erro.

Gostei da ideia e pensei comigo: "É isso. As pessoas merecem saber o impacto real que decisões ruins sobre dinheiro podem ter em suas vidas. Elas têm o direito de saber e eu estaria fazendo um desserviço se guardasse isso para mim".

Blá blá blá

Eu não era estranho àquela situação. Pela 27ª vez, nos últimos sete anos, eu estava sentado em uma sala, com toda a minha papelada, dados, números, fatos, argumentos e minha defesa pronta para discutir minha avaliação de desempenho trimestral. Na empresa, a cada três meses tínhamos que sentar com nosso gerente direto e depois com os nossos reportes diretos para discutir desempenho, comportamento e carreira. Fazia muito tempo que jogava aquele jogo e já conhecia as regras, os atalhos do campo. Além disso, eu sabia que aquela pessoa sentada à minha frente não duraria muito e eu teria que começar tudo de novo em alguns meses.

No entanto, eu tinha consciência de que o negócio estava sofrendo e meus resultados não eram bons, que me faltava engajamento e tinha medo de discutir quais seriam meus próximos passos. Minhas mãos estavam suadas, meus joelhos fracos e meus braços pesados. Meu coração estava acelerado e eu tinha um buraco no meu estômago. Foi a primeira vez que tive que fazer uma avaliação de desempenho no meio de uma merda profunda, minha vida estava um caos e eu, sem nenhuma energia para discutir quantas estrelas eu merecia na minha avaliação. Pela primeira vez tive medo de ser demitido. Eu já havia perdido as reservas financeiras da minha família e não podia me dar ao luxo de perder meu emprego.

Do outro lado da mesa, estava meu 12º gestor direto em sete anos. O chefe número 12 tinha entrado na empresa havia alguns meses antes. Ele desfrutava a energia e o desejo de mudar que a maioria de nós temos quando começamos algo novo: "Tenho carta branca para mudar o que achar necessário". "Eu preciso que você pense fora da caixa". "Precisamos dar a volta por cima neste lugar". "Fui trazido aqui para fazer a diferença". "Se necessário, farei algum ajuste de pessoal se as pessoas não estiverem entregando". "Estou contando com você". "Temos que sonhar grande". Eu estava ouvindo todo aquele blá blá blá corporativo e me senti triste, lembrando que já tive aquele "sangue no olho", aquela energia, aquela motivação, aquela vontade de fazer qualquer coisa, de ser a mudança, e nenhuma daquelas palavras significava mais nada para mim.

Estava refletindo se eu costumava fazer a mesma coisa. Será que eu falava antes de ouvir, que fui egoísta colocando a empresa ou a mim mesmo em primeiro lugar, não perguntando como poderia ajudar? Naquele momento eu não sabia como responder essas perguntas. Também fiquei triste pelo cara deslumbrado sentado do outro lado da mesa. "Você não é o primeiro a fazer todas essas coisas boas, amigo. Você não é o único trazido como um herói para salvar o mundo com seus superpoderes", pensei comigo mesmo.

Em algum momento, ele disse algo que me trouxe de volta: "Juliano, preciso definir meu time e tenho que ter certeza se você quer fazer parte dele ou não. Eu sinto que você não está envolvido o suficiente. Eu não acho que você está dando 100%, comprometido pra valer com a empresa. Você tem muito potencial, mas tem que entregar mais. Temos um negócio para virar. Estamos aqui para fazer história. Você quer fazer parte ou não?".

"História. Não é o que deveríamos fazer em primeiro lugar? Sete anos atrás? Ser a melhor empresa de alimentos? A força de consolidação no mercado de alimentos? Agora estamos fazendo uma reestruturação. Lutando pela sobrevivência. Lutando contra a humilhação pública de ser investigado pela SEC". — pensei. Estávamos trabalhando juntos há três meses e eu ainda não havia contado o que tinha me acontecido. Eu não queria que ele pensasse que eu estava usando isso como uma desculpa. Eu não queria passar por todo o constrangimento e a dor de contar a minha história. Já havia tentado com o chefe número 11 e com o senhor C-level e não tinha dado certo. Acima de tudo, mantive isso em segredo porque estava envergonhado e pensei que poderia ter uma ficha limpa e começar do zero com ele. Eu também temia qual poderia ser o resultado. Temi pela segurança do meu emprego. Em meio a tudo o que estava acontecendo. A última coisa que eu precisava era ficar desempregado, então tentei usar toda a minha energia para fingir que estava engajado, comprometido e feliz. No entanto, eu estava cansado demais para lutar, cansado demais para pensar, então contei o que tinha me acontecido.

— Sinto muito por ouvir isso.

Ótimo, pensei, finalmente alguma empatia. Ao que ele acrescentou:

— Mas isso não é culpa da empresa, certo? A decisão de fazer o investimento foi sua.

— Sim, mas isso me atingiu com força e tem sido difícil vir trabalhar todos os dias. É como matar alguém e visitar a cena do crime todos os dias para lembrar o que fez.

— Bem, eu entendo. Mas em algum momento, você tem que decidir se quer estar aqui ou não. Você deve realmente se olhar no espelho e perguntar o que você quer. Seja honesto com você mesmo. Você quer estar aqui ou não? Você está dentro ou está fora?". Eu estava no limite. Senti-me encurralado com uma faca na garganta, pressionado a tomar uma decisão ali. Tudo o que eu queria era gritar não a plenos pulmões, fugir daquele escritório e pular do 72° andar do prédio. Mas já havia perdido muito por ser impulsivo e apaixonado. Então, respirei fundo e disse que ia pensar sobre isso.

Através do espelho

Quando cheguei à casa, levei a sério o feedback e, literalmente, passei horas me olhando no espelho. Talvez eu precisasse desse empurrão para tomar alguma atitude.

Olhei para a pessoa refletida à minha frente e quase não reconheci. Não gostei do que vi. Comecei a falar comigo mesmo. Foi desconfortável. Minha reflexão foi que todas as áreas da minha vida iam muito mal. Havia perdido 95% das economias que fiz durante a vida, estava debilitado física e mentalmente, sem ânimo no trabalho, distante de minha esposa e dos meus filhos e com a fé em Deus abalada.

A percepção de que minha vida estava uma bagunça em todos os sentidos foi um baque. Havia esse sentimento de que eu não tinha nada de que me orgulhar e nada de bom a esperar da vida. E não podemos lidar com a realidade até que a aceitemos. Eu sabia no fundo do meu coração que deveria haver uma mensagem naquele caos, só não sabia como lê-la. Era uma língua estrangeira que eu tinha que aprender e não havia curso para isso. Percebi que precisaria de ajuda para sair daquele buraco.

Pedir ajuda foi um exercício muito penoso porque construí minha carreira num ambiente onde era esperado que todos trouxessem soluções e não problemas. Um dos erros que as pessoas costumam cometer quando têm muitas coisas em sua lista de tarefas é tentar resolver todas e ficar sobrecarregadas. Eu sabia que não estava em condições de trabalhar sozinho em tudo, não ia resolver. Eu não tinha motivação ou força de vontade. Mas se aprendi uma coisa ao longo do meu tempo na vida corporativa, foi priorizar. A regra Pareto 80/20 pode funcionar como mágica. Essa regra diz que 20% de suas ações podem gerar 80% de seus resultados. Eu a usei toda a minha vida no trabalho e era hora de usá-la para fins pessoais. Eu sabia que nada poderia ser feito sobre o passado. Por mais que eu tentasse, não havia como mudar o que aconteceu.

Eu tive que viver o presente e desenvolver um plano voltado para o futuro.

> **DECIDI FOCAR 100% NA MINHA SAÚDE MENTAL.**

Decidi que era hora de seguir em frente com minha vida. Se eu quisesse me soltar, precisaria ter uma compreensão profunda do que estava me levando a estar lá e então decidir em quais ações focar. De todas as questões que tive que trabalhar, havia uma que era a base para todo o resto. Era a única que me manteria vivo e, eventualmente, me prepararia para um retorno. Decidi focar 100% na minha saúde mental.

Nada iria funcionar se eu não tivesse minha cabeça no lugar certo. De que adiantaria focar em dinheiro, carreira ou crescimento se a minha mente estava desequilibrada? Mas este foi um movimento árduo. Como tive dificuldade de assumir minha depressão, foi mais difícil reconhecer que eu não ia me curar sozinho e precisava de ajuda. Foi mais um paradigma para quebrar. Geralmente homem, personalidade tipo A[7] não fala sobre seus problemas, ele os resolve. Mas eu não conseguia lidar com minhas emoções e decidi procurar um terapeuta.

A terapia não é uma cura para tudo o que se está passando, mas pode ser uma ferramenta eficaz para gerenciar melhor nossa saúde mental. No entanto, recomendo a qualquer pessoa que esteja passando por um grande trauma que procure ajuda profissional. Fazer terapia me ajudou a descobrir meus pontos cegos e me ajudou a virar a página. Eu finalmente sabia o que dizer ao chefe número 12 e tive a coragem de fazê-lo. Era minha hora de partir e seguir adiante.

Fechando o ciclo

Eu tinha 42 anos, era imigrante, casado, tinha 2 filhos e precisei recomeçar. Se eu quisesse sair da confusão em que me meti, teria que usar ferramentas diferentes. O que me trouxe até lá não seria suficiente para me levar adiante.

....

7 De acordo com a Teoria dos tipos de personalidade de Meyer Friedman e Ray Rosenman, as personalidades tipo A são caracterizadas pela ambição, impaciência e competitividade, sendo consideradas suscetíveis ao estresse e problemas cardíacos. Já as tipo B são identificadas como relaxadas e pacientes, com um comportamento capaz de diminuir o risco de doenças do coração.

Eu sabia que tinha que encontrar um novo caminho para minha vida. Tirei a poeira do meu currículo e costumava passar meu terceiro turno me candidatando a empregos no LinkedIn e em outros sites de recrutamento. Achei que era a melhor opção, porque eu estava muito desatualizado e nunca procurei emprego desde que terminei a faculdade. Infelizmente, demorei um pouco para descobrir que o que eu estava fazendo era uma perda de tempo.

Aprendi a não fazer mais as coisas sozinho, então decidi contratar um coach de carreira para me ajudar nesse processo. Como muitas outras profissões, o coach ultimamente ganhou uma má reputação. Acredito que é porque um grande número desses profissionais surgiu para ajudar nas mais diferentes missões. Claro que em todos os campos há charlatães. No entanto, há um número de pessoas decentes também. Além disso, você contrata um coach, seja para ajudar com dinheiro, negócios, criatividade ou esportes, não porque você não é capaz. Você os contrata porque eles não são você. Outras pessoas podem ver coisas que você não pode.

> **OUTRAS PESSOAS PODEM VER COISAS QUE VOCÊ NÃO PODE.**

Minha coach me ajudou a ver muitos dos meus pontos cegos. Para começar, ela me disse que se candidatar a vagas em sites de recrutamento é um bom começo, mas não o suficiente, pois 70% das vagas nem são divulgadas publicamente e 80% das vagas são preenchidas por meio de redes pessoais e profissionais. Fizemos uma lista de todas as empresas para as quais eu queria trabalhar e mapeamos as pessoas que eu conhecia lá. Se eu tivesse alguma conexão direta, geralmente mandava um e-mail perguntando como estavam as coisas, como estava o negócio, como estava a vida, se estava disponível para uma conversa rápida e, eventualmente, eu dizia a eles que estava em busca de uma nova colocação.

Quando eu não conhecia ninguém diretamente, meu trabalho era encontrar a pessoa certa dentro da organização e enviar uma mensagem me apresentando, dando um pouco do meu histórico e oferecendo para ajudar a empresa se houvesse alguma oportunidade.

Simples, certo? Mas isso foi difícil, porque não tive retorno em 80% das vezes. O silêncio do outro lado, aumentava a minha insegurança, mas **aprendi a ficar confortável com a rejeição.**

Novamente, minha coach foi fundamental para me mostrar o que eu não estava vendo. Por ser algo novo, eu não me sentia confortável. E isso é uma grande habilidade para ser desenvolvida. Além disso, em vez de olhar para os 80% que não responderam, ela me orientou a olhar para os 20% que responderam. Essas pessoas tiraram um tempo de suas vidas ocupadas para me responder. Alguns deles até se ofereceram para se conectar, tomar um café, atender uma ligação ou ajudar da maneira que pudessem. Devo tê-los tocado de alguma forma.

Mas meus melhores defensores foram pessoas com quem tive a oportunidade de interagir ao longo da minha carreira. Seja um ex-chefe ou ex-colega trabalhando para uma empresa diferente ou que seguiu um caminho diferente e estava indo bem em outro lugar; essas pessoas não hesitaram em atender meu telefonema. Mesmo fornecedores anteriores ou pessoas do setor com quem eu costumava interagir em conferências, ficaram felizes em divulgar que eu estava aberto a um novo desafio. Foi assim que consegui meu novo emprego na Accenture, uma das maiores empresas de consultoria, TI e *outsourcing* do mundo, com receitas anuais de US$ 64 bilhões. Conseguir entrar em uma das maiores consultorias do mundo serviu para me mostrar que eu ainda tenho habilidades que o mundo corporativo precisa, que eu tenho valor. Algo que eu duvidava durante os momentos de depressão.

O apoio que recebi dessas pessoas aqueceu meu coração. Me fez acreditar no poder da conexão humana. Elas não precisavam fazer nada por mim. Aposto que estavam todos ocupados, lutando suas próprias batalhas. No entanto, por qualquer motivo, elas fizeram. Isso me fez perceber algo que fiz inconscientemente, mas é essencial em qualquer organização social da qual se faz parte: mostrar-se todos os dias da melhor forma possível. Seja legal com as pessoas. Não espere nada em troca. Eventualmente vai compensar.

A saída da Kraft Heinz foi o anticlímax total. Pude viver na pele o que Kahneman chamou de Regra Pico-Fim[8] (do inglês *Peak-End Rule*) que diz que uma experiência é lembrada e avaliada quando termina ou com base no seu ponto mais intenso. Conversei com meu chefe 12, que tinha chegado há poucos meses, e contei da minha decisão. "Que pena. Eu achei que a gente tinha superado isso, que nos últimos meses eu vi

....

8 KAHNEMAN, Daniel. **Rápido e devagar:** Duas formas de pensar. 1ª edição. São Paulo: Objetiva, 2012. Capítulo 35 – Dois Eus.

que você estava mais engajado", disse ele relembrando nossa conversa na avaliação de desempenho. "Eu fico frustrado porque eu não consegui reverter a situação e não consegui mostrar a você o caminho que vamos fazer aqui". Não me contive e respondi: "Minha decisão não tem a ver com você, não estou tomando a decisão de sair por sua causa".

Foi assim que essa importante trajetória da minha carreira foi concluída. No mundo perfeito do LinkedIn, ninguém é demitido ou pede demissão. As pessoas "estão abertas para novos desafios". Havia chegado a minha vez. Eu estava pronto para "encerrar o meu ciclo" e recomeçar encarando minha vida muito além do trabalho.

PONTOS DE AÇÃO

☑ **Procure ajuda profissional:** Se você está passando por um trauma ou dificuldades emocionais, considere buscar um terapeuta ou coach de carreira. Essas profissões podem ajudar a identificar pontos cegos e desenvolver estratégias eficazes para avançar.

☑ **Use a Regra 80/20:** Aplique a regra de Pareto em sua vida pessoal e profissional. Concentre-se nos 20% das atividades que geram 80% dos resultados para otimizar seu tempo e recursos.

☑ **Analise as ofertas de investimento com cuidado:** Antes de aceitar qualquer oferta de investimento, especialmente aquelas que parecem boas demais para ser verdade, faça uma análise detalhada e busque segundas opiniões para evitar armadilhas financeiras. Reflita sobre a forma como você lida com seus investimentos. Está preparado para as variações do mercado? Analise suas estratégias e considere diversificar para reduzir riscos.

☑ **Planejamento de emergência:** Desenvolva um plano de contingência para situações financeiras inesperadas. Ter um fundo de emergência pode proporcionar segurança em tempos difíceis.

☑ **Aprimore a educação financeira:** Invista tempo para entender mais sobre finanças pessoais, incluindo alavancagem e outros instrumentos financeiros. Conhecimento é poder quando se trata de tomar decisões financeiras informadas.

☑ **Comunicação Familiar:** Mantenha uma comunicação aberta com sua família sobre a situação financeira. A transparência pode fortalecer os laços e criar um ambiente de apoio mútuo.

PARA REFLETIR

1. **Como você reage a crises financeiras ou pessoais? Avalie suas reações e pense em estratégias para lidar com situações de alta pressão.**

....

2. **Como você equilibra suas ambições profissionais com suas responsabilidades pessoais? Pense sobre como suas metas de carreira impactam sua vida familiar e pessoal.**

....

3. **Quais são suas metas financeiras de longo prazo e como pretende alcançá-las? Defina suas metas financeiras e crie um plano para alcançá-las, considerando possíveis obstáculos e soluções.**

....

AS ARMADILHAS REAIS E MENTAIS

"Diga-me quem são seus heróis e eu vou dizer quem você vai ser."

Warren Buffett

05

Quando a Heinz adquiriu a Kraft, em 2015, criando a 5ª maior empresa de bens de consumo do mundo e a 3ª dos Estados Unidos com receitas anuais de US$26 bilhões, Buffett ficou encantado e disse quando o negócio foi concluído: "Este é o meu tipo de transação, unindo duas organizações de classe mundial e entregando valor para o acionista". E ele acrescentou durante a assembleia de acionistas da sua empresa, a Berkshire Hathaway em 2015: "Eu tiro meu chapéu para o que o pessoal do 3G fez".

A parceria entre o 3G Capital e a Berkshire Hathaway foi elogiada por ambos os lados. A declaração de afeto foi pública. "Esta parceria tem sido um fator chave para o enorme sucesso da Heinz até o momento e será fundamental para o sucesso da Kraft Heinz Company. Berkshire é um nome que dispensa apresentações", disse o sócio-diretor da 3G e presidente do Conselho da Kraft Heinz, Alex Behring durante uma call com investidores, enquanto discutia a fusão entre a Heinz e a Kraft. Buffett retribuiu o elogio durante uma entrevista[1]: "Eu vi que eles eram maravilhosos ao entrar no acordo com a Heinz. Em termos de habilidade, em termos de integridade, todos os aspectos. O 3G tem sido um parceiro perfeito".

*Na mesma entrevista, ao jornal The New York Times, Buffett elogiou o 3G e seu presidente do conselho, Alex Behring, logo após o anúncio da fusão: "3G não é de comprar empresas para vender. É diferente de outras firmas de **private equity**, que adquirem empresas com a ideia de abrir capital na bolsa de valores ou vendê-las para um concorrente. Eles estão comprando para manter, assim como também estamos comprando para manter. Você não pode colocá-los na mesma categoria das empresas de compra e revenda". E Behring voltou a reiterar essa intenção, seguindo um modelo que funcionou para Buffett em mais de 50 anos de negócios.*

1 Site para consulta: <www.nytimes.com/2015/03/26/business/dealbook/3g-capital-warren-buffetts-favorite-partner-in-deals-worth-billions.html>.

Foi lendo e ouvindo declarações como essas que eu vi nascer a Kraft Heinz Company. Naquele momento, os discursos dos investidores mostravam grande otimismo e a ambição de fazer a empresa crescer ainda mais. Eu acreditei. O discurso deles foi um dos argumentos que me fizeram investir todo meu dinheiro na companhia e concluir que seria um bom negócio. Mas não foi o único. Foram várias as armadilhas – muitas criadas por mim mesmo – que me levaram a tomar a decisão de investir todo meu patrimônio na empresa.

Depois de perder tudo, enfrentar uma depressão severa e chegar ao fundo do poço, precisei olhar pelo retrovisor e ver em que momento da minha caminhada eu tinha desviado da rota. Entender o que motivou minhas decisões foi crucial para curar as minhas feridas.

Fui estudar sobre economia comportamental para refletir sobre a minha relação com o dinheiro. Descobri que há teorias que explicam minhas decisões e que, como eu, há outras pessoas que caem nas mesmas armadilhas. Identificar os passos errados me ajudou a superar a perda. Foi uma etapa importante da minha redenção.

Se tivesse esse conhecimento antes, talvez o desfecho teria sido outro. Jamais saberei, mas tenho esperança de que detalhando os porquês da minha decisão posso ajudar outras pessoas a não sofrerem o mesmo revés.

Há diversas formas de se ganhar dinheiro no mercado e eu, definitivamente, não sou a melhor pessoa para ensinar isso. No entanto, há poucas maneiras de perder e todas elas têm a ver com tomar decisões mais emotivas e menos racionais. Sobre isso eu aprendi muito e acredito que tenho um pouco a compartilhar.

As histórias que contamos para nós mesmos

Uma das primeiras lições veio da teoria do israelense Daniel Kahneman. Ele foi crucial para que eu entendesse por que tomei algumas decisões. Eu só gostaria de ter lido seu trabalho antes de ter assinado aquele contrato de empréstimo com o banco. Se Kahneman não tivesse provas suficientes para fundamentar suas descobertas, ele poderia ter me usado para comprová-las.

Psicólogo, ele ganhou o Prêmio Nobel de Economia em 2002 por seu trabalho sobre psicologia do julgamento e economia comportamental. Suas descobertas empíricas desafiaram os pressupostos da racionalidade humana predominantes na teoria econômica moderna.

Em seu best-seller *Rápido e devagar: Duas formas de pensar*, ele expõe alguns pontos profundamente essenciais sobre como as pessoas tomam decisões. Descreve que temos uma maneira de pensar de dois sistemas: Sistema 1 (rápido) e Sistema 2 (lento).

O **Sistema 1** é a maneira intuitiva, a reação instintiva de pensar e tomar decisões. Ele forma as primeiras impressões e, muitas vezes, é a razão pela qual tiramos conclusões precipitadas. Ele é um verdadeiro contador de histórias. É aquele que junta todas essas informações, criando um fenômeno que Kahneman chama de *what you see is all there is* (em português, "o que você vê é tudo que há") ou **WYSIATI**. As pessoas são projetadas para contar a melhor história possível. Portanto, WYSIATI significa que usamos as informações que temos como se fossem as únicas. Não passa por nossa cabeça afirmações como "há muita coisa que não sabemos". Nos contentamos com o que sabemos. E esse é um conceito central para o funcionamento da nossa mente[2].

Já o **Sistema 2** é a maneira analítica, o pensamento crítico. Ele faz reflexão, resolução de problemas e análise, como estou fazendo agora. Gostaria de pensar em mim como sendo uma pessoa impulsionada pelo Sistema 2. As pessoas normalmente me descrevem como racional, sistemático e orientado por dados. No entanto, somos todos muito mais orientados pelo Sistema 1 do que pensamos. É ele o responsável por quase tudo que fazemos. É também mais suscetível aos vieses cognitivos, que

......

2 WINERMAN, Lea. **'Uma máquina para tirar conclusões precipitadas'**. Home monitor em Psicologia I [site], Fevereiro de 2012. Disponível em: <//www.apa.org/monitor/2012/02/conclusions>.

são influências geralmente inconscientes que nos fazem tomar decisões de forma parcial e tendenciosa.

Ao querer investir todo meu patrimônio em uma única empresa fui impactado por muitos vieses. Um deles, o **viés de disponibilidade**, que descreve como os seres humanos são inclinados a julgar a probabilidade de os eventos acontecerem com base em exemplos do passado. Por conta deste viés, fatos recentes ou que causaram emoções fortes tendem a obscurecer nosso julgamento. Ou seja, decidimos sob influência de episódios marcados em nossa lembrança. Podemos subestimar ou superestimar um risco, optando por focar nos riscos errados.

> **A HISTÓRIA QUE CRIAMOS NÃO PRECISA SER COMPLETA, CONFIÁVEL OU TER EXATIDÃO; SÓ DEVE TER COERÊNCIA.**

Quando tomamos decisões, nossa mente considera apenas as coisas que conhece e, independentemente de sua qualidade e quantidade, a única coisa que tenta fazer com elas é construir uma teoria coerente. É o bastante. A história que criamos não precisa ser completa, confiável ou ter exatidão; só deve ter coerência. Ou seja, informações incompletas e não representativas nos permitem entender o mundo, obviamente, do nosso jeito.

Foi o que eu fiz, por exemplo, ao concluir que a fusão entre Kraft e Heinz teria o mesmo sucesso de outros negócios costurados pelo 3G. Tudo que eu sabia sobre Jorge Paulo Lemann e Warren Buffett é que eles sempre eram bem-sucedidos em seus negócios e isso foi suficiente pra mim.

Eu confiei cegamente nos meus ídolos

Lemann e seus parceiros, até aquele momento, foram capazes de construir uma história muito consistente e convincente. Começou com a compra da Lojas Americanas, em 1982, e a Brahma, em 1989. Dez anos depois, veio o negócio com a Antarctica, que deu origem à Ambev. A partir daí, vieram as aquisições das cervejarias Quilmes, Interbrew, Anheuser-Busch e SABMiller. Conquistado o mundo das cervejarias, eles partiram para outros mercados, comprando a rede de *fast food* Burger King, que por sua vez, comprou a rede canadense Tim Hortons e o Popeyes, criando a Restaurants Brand International. Em seguida vieram as empresas de alimentos. Primeiro a Heinz e depois a Kraft Foods.

Olhando para a lista de fatos acima, qualquer um podia ver o padrão. Em cada um de seus negócios, fosse a cervejaria, cadeia de *fast food* ou alimentos, havia a necessidade de um fluxo de aquisições para manter a máquina funcionando. Com juros baixos e dinheiro barato, era mais fácil comprar um rival, cortar custos, encontrar sinergias e passar para o próximo alvo. Este era o jogo que o 3G sabia jogar.

Quando comecei a trabalhar na Ambev e meus amigos me perguntavam o que eu fazia lá, eu enchia o peito e dizia: "Sou sócio do Jorge Paulo Lemann" e recebia um "uau" de retorno. Claro que ele não sabia quem eu era, mas era assim que eu me sentia, e então eu não precisava explicar o que estava fazendo. Isso era o suficiente para impressionar qualquer um com quem eu falasse. Anos depois, quando Jorge Paulo fez parceria com Warren Buffett para comprar a Heinz, eu me tornei sócio de dois dos homens mais ricos do mundo.

Warren Buffett é frequentemente aclamado como um dos maiores investidores de todos os tempos, se não o maior. Isso pode não ser novidade para ninguém, mas muitos não sabem detalhes do seu histórico. Ele levou sua empresa, Berkshire Hathaway (NYSE: BRK-A) (NYSE: BRK-B), a um aumento de 2.744.062% no preço de suas ações de 1964 a 2019. Esse é um ganho anual composto ao longo de 55 anos de mais de 20%, o que teria transformado um investimento inicial de US$1.000 em mais de US$21 milhões. Com essa trajetória, ele dispensa apresentações. Existem mais de dois mil livros escritos sobre Warren Buffett e quem preferir pode fazer uma rápida pesquisa no Google e verá mais de 67.900.000.000 resultados em segundos.

Jorge Paulo Lemann, por outro lado, é mais reservado. Não gosta de exposição na mídia e, claro, o fato de ser brasileiro faz com que ele tenha menos cobertura da imprensa mundial. A pesquisa com seu nome rende cerca de 477.000 resultados. Tenho certeza de que, se ele tivesse nascido nos EUA e feito o que fez no Brasil, seria comparado a Steve Jobs, Bill Gates, Mark Zuckerberg ou Jeff Bezos. A quantidade de livros escritos sobre ele, seus sócios, o império que construiu, a cultura corporativa que criou, seus investimentos em educação por meio de sua Fundação seriam muito mais significativos.

Tanto Lemann quanto Buffett construíram suas fortunas do zero, e eles, principalmente Lemann, se tornaram um modelo para mim. O meu **viés de disponibilidade** me fez presumir que a história de sucesso com ABI e Burger King se repetiria com a Kraft Heinz. Ao investir todo meu patrimônio na Kraft Heinz Company, eu acreditava que meus heróis tinham um toque de Midas para transformar qualquer coisa em ouro. Mesmo que eles falassem um pouco sobre os erros que cometeram ao longo da carreira, não prestei a devida atenção. O sucesso deles foi muito mais estrondoso que seus fracassos.

O que eu conhecia sobre os participantes do negócio era uma história de sucesso recheada de declarações positivas. Após a fusão, em 2015, houve outras declarações dos comandantes do negócio. Em maio de 2017, Alex Behring disse ao Financial Times[3]: "Somos proprietários de longo prazo com um horizonte de tempo quase infinito". Se era infinito, por que eu deveria me preocupar em verificar o que acontecia no curto prazo?

"SOMOS PROPRIETÁRIOS DE LONGO PRAZO COM UM HORIZONTE DE TEMPO QUASE INFINITO".

Mas bastava que eu tivesse verificado antes no site da SEC[4] ou mesmo o Opensider[5], para ver que até o infinito tem data pra acabar. Entre julho e agosto de 2018, o 3G, segundo maior acionista da Kraft Heinz Company logo atrás de Buffett, vendeu um pacote de ações a US$59,85, recebendo um valor de US$1,2 bilhão. O vice-presidente executivo de operações, responsável por produção, logística e suprimentos, vendeu outro lote a US$2,2 milhões, recebendo US$63,85 por ação.

Quando perguntado por que o 3G vendera suas ações, um porta-voz da empresa disse à CNN[6] que era apenas um ato "impulsionado por janelas periódicas de liquidez". E completou que o fundo ainda possuía mais de 245 milhões de ações, cerca de 20% da empresa. Na mesma entrevista, o porta-voz reiterou que "o 3G continuava comprometido com o longo prazo e não tinha nenhuma intenção de vender ações adicionais".

......

3 FINANCIAL TIMES. **Alex Behring revela sua filosofia de investimento**. 17 de maio de 2017. Disponível em: <www.ft.com/content/850c39a2-330d-11e7-bce4-9023f8c0fd2e>.

4 Site para consulta: <www.sec.gov/edgar/search/>.

5 Site para consulta: <openinsider.com>.

6 LA MONICA, Paul R. **Ações da Kraft Heinz despencam após seu segundo maior investidor vender grande parte de suas ações.** CNN Bus, Publicado 12:26 PM EDT, Ter 17 de setembro de 2019. Disponível em: <edition.cnn.com/2019/09/17/investing/kraft-heinz-3g-stock-sale/index.html>.

Após essa venda inicial, Jorge Paulo Lemann comprou US$100 milhões em ações como pessoa física, mas o 3G voltou a vender mais US$2,6 bilhões, sendo US$713 milhões, em setembro de 2019; US$884, em novembro de 2020; e US$1.094, em novembro de 2021. Não há nada de errado ou ilegal em pessoas da alta cúpula venderem suas ações. O dinheiro é delas e elas têm o livre arbítrio para fazer o que quiserem. No entanto, para mim, vender quase US$4 bilhões (ou 17%) da participação de uma empresa, em dois anos, não é coerente com a declaração de que havia intenção de manter o investimento na empresa por um horizonte de tempo quase infinito. **É o hiato entre discurso e realidade.** Essa venda poderia ter sido um alerta para mim, mas eu estava muito confiante para perceber. Em 2023, o 3G vendeu toda sua participação na KHC e deixou o comando da empresa. Mais uma vez, desafiou a matemática e descobrimos que, para eles, infinito dura 9 anos[7, 8].

O que era conhecido me parecia seguro

Kahneman define como conforto cognitivo o nosso estado mental enquanto as coisas estão indo bem – sem ameaças, sem grandes notícias, sem necessidade de redirecionar a atenção ou mobilizar esforços. O conforto cognitivo é causa e consequência de uma sensação agradável. É o que nos torna mais suscetíveis ao **viés de familiaridade**, que nos leva a escolher sempre as mesmas marcas no supermercado, mesmo que outra possa ser melhor. Este viés é o que faz um investidor aumentar sua exposição em ações da empresa onde trabalha e não diversificar seu portfólio. Ou ainda, perder oportunidades com maior lucratividade por resistência ao novo.

Tendemos a acreditar em informações que parecem familiares e fáceis de absorver, em vez de preferir o que não é conhecido. Por familiar, quero dizer fatos associados a outras crenças que temos ou que vêm de fontes confiáveis. Também podem ser coisas que já encontramos antes. A repetição pode ser suficiente para convencer as pessoas a acreditarem

....

7 ARBEX, Pedro. Fim de uma era: 3G zera Kraft Heinz nove anos depois. Brasil Journal, 10 de abril de 2024. Disponível em: <braziljournal.com/fim-de-uma-era-3g-zera-kraft-heinz-nove-anos-depois/>.

8 Site para consulta: <www.cnbc.com/2024/04/09/3g-capital-quietly-exited-its-kraft-heinz-investment-last-year.html>.

em coisas que não são necessariamente verdadeiras. É por isso que uma mentira que se repete mil vezes torna-se verdade.

Em 2018, quando estava na minha melhor forma, com minha carreira e vida pessoal evoluindo bem, tornei-me menos vigilante, menos desconfiado. Não queria gastar tempo e energia em nenhuma diligência e optei por acreditar nas coisas que faziam sentido para mim porque eram mais confortáveis. Também estava sob influência do **viés de confirmação**, que é a tendência de procurar, interpretar, focar e lembrar de informações de uma maneira que confirme os preconceitos. Minhas expectativas afetaram minhas percepções. Meu cérebro estava entorpecido. Preferi acreditar em informações que confirmassem o que eu pensava ser verdade. E fui mais crítico em relação ao que ia contra minhas crenças. Foi o que me fez não ouvir a Renata, quando ela me fez perguntas cruciais como "por que pegar um empréstimo que não precisava para comprar algo que já era meu".

No momento em que decidi fazer o empréstimo, eu me sentia muito bem. Por que eu incomodaria meu Sistema 2 para comparar outros investimentos que não conhecia? Meu Sistema 1 estava cuidando de tudo, me fazendo colocar meu dinheiro onde parecia mais fácil e certo: uma empresa gigante de bens de consumo, com altos e constantes dividendos, dirigida por pessoas com um histórico extremamente positivo e comprometidas com o longo prazo. Além disso, o banco me ofereceu um empréstimo com taxas de juros superbaixas e havia ajudado o 3G em algumas outras aquisições. Eles deviam saber algo mais e eu queria surfar naquela onda. Fiquei tão inebriado e tão seguro de estar seguindo o conselho certo, que não me preocupei em fazer uma análise mais criteriosa ou pedir uma segunda opinião.

Meu sistema 2 tentou me avisar, quando, em outubro de 2018, a ABI reduziu seus dividendos em 50% para pagar dívidas contraídas para a aquisição da SABMiller[9]. Se a situação estivesse difícil, a Kraft Heinz faria o mesmo. Mas seis dias depois, a empresa anunciou pagamentos regulares de dividendos e por isso passei a tratar o ocorrido como um "fato supostamente irrelevante", ou **SIF** ("*supposed* irrelevant *factor*"), termo cunhado por Richard Thaler, que explica por que ignoramos alguns

......

9 BLOOMBERG. **AB InBev obtém empréstimo record de US$75 bilhões para comprar SABMiler**. Negócios perseguições. 11 de novembro de 2015. Disponível em: <www.bloomberg.com/news/articles/2015-11-11/ab-inbev-gets-record-75-billion-loan-to-buy-sabmiller-a-o-says>.

acontecimentos mesmo percebendo que têm relevância na tomada de decisão por não estar diretamente relacionado ao objetivo final.

Bastou isso para meu Sistema 1 dizer ao meu Sistema 2 para relaxar e parar com teorias da conspiração. Foi assim até que chegou o fatídico 21 de fevereiro de 2019, o dia em que a empresa anunciou queda de 13,9% no EBITDA, ano contra ano, baixa contábil de US$15 bilhões em algumas de suas marcas, uma intimação na SEC, a Comissão de Valores Mobiliários dos Estados Unidos, e uma redução de dividendos de 40%. Somente depois deste dia, foi que meu Sistema 2 acordou e eu finalmente saí da minha zona de conforto.

Fui pego pelo efeito Halo

O que também contribuiu para que eu não ouvisse o meu Sistema 2 foi o bombardeio de notícias positivas sobre o negócio em toda mídia especializada. A imprensa foi muito generosa com Buffett e o 3G no início da operação. Enquanto o preço das ações subia, um artigo do *Financial Times*[10] dizia: "Apesar de todos os protestos da indústria, o 3G pode dizer que venceu a batalha – se não a guerra – sobre a viabilidade de longo prazo de seu modelo de negócios, porque um número crescente de empresas do setor está adotando algumas de suas práticas. A *Seeking Alpha*, site americano de análise do mercado de ações dos EUA calcula que, em 2013, quando o 3G havia acabado de comprar a Heinz, 14 empresas mencionaram o ZBB – *Zero Based Budget* (orçamento base zero) em seus anúncios de lucros. Isso subiu para 90 em 2015".

Toda essa atenção e o histórico do grupo criaram um burburinho na mídia sobre o que estava por vir. Várias empresas foram listadas como alvo potencial a ser adquirido por 3G e Buffett: Mondelez, Unilever, PepsiCo, Campbells, General-Mills, Kellogg's, Colgate, Danone. Em minha caixa postal havia sempre alertas do Google com novas notícias a respeito do sucesso da companhia, como:

......

10 FINANCIAL TIMES. **A abordagem enxuta e eficiente da 3G Capital**. Disponível em: <www.ft.com/content/268f73e6-31a3-11e7-9555-23ef563ecf9a>.

- Em novembro/16- *Brazil Journal*: "3G levanta novo fundo de US$8-10 bi"[11];
- Em fevereiro/17 – *Chicago Tribune*: "Kraft Heinz continua faminta por um grande *deal*"[12]; e *Financial Times*: "3G Capital tem US$ 15b para um novo *deal*"[13];
- Em Maio/17 – *Seeking alpha*: "A Colgate-Palmolive será adquirida pela Kraft Heinz?"[14];
- Em Junho/17 – *Investopedia*: "6 empresas que a Kraft Heinz pode engolir"[15];
- *The Street*: "A Kraft Heinz vai comprar a Mondelez ou a PepsiCo?"[16].

Houve até um "simulador de fusão 3G" criado pelo Financial Times[17]. Esses rumores foram alimentando especulações na mídia e colocando mais lenha na fogueira.

Eu não sabia, mas eu estava sendo impactado pelo **efeito halo**, que é um tipo de viés cognitivo no qual a impressão geral de uma pessoa, um lugar ou um grupo influencia o que pensamos sobre eles. É a tendência de gostar ou não a partir de um julgamento intuitivo, impulsivo, e distante da análise crítica.

....

11 SAMOR, Geraldo. **EXCLUSIVO: 3G Capital levanta novo fundo de US$8-10 bi**. Brasil Journal, 8 de novembro de 2016. Disponível em: <braziljournal.com/exclusivo-3g-capital-levanta-novo-fundo-de-us8-10-bi/>.

12 Site para consulta: <www.chicagotribune.com/business/ct-kraft-heinz-mergers-robert-reed-0223-biz--20170222-column.html>.

13 FINANCIAL TIMES. **3G Capital tem até US$ 15 bilhões para investir no próximo megadeal**. Disponível em: <ft.com/content/db0e8b70-f744-11e6-bd4e-68d53499ed71>.

14 Siteparaconsulta:<seekingalpha.com/article/4077236-will-colgate-palmolive-be-acquired-kraft-heinz>.

15 DELVENTHAL, Shoshanna. **6 empresas que a Kraft Heinz pode engolir em seguida. Investopedia (site).** Publicado em 13 de junho de 2017, 01:37 PM EDT. Disponível em: <www.investopedia.com/news/6-companies-kraft-heinz-could-swallow-next/>.

16 LODGE, Michelle. **A Kraft Heinz comprará a PepsiCo ou a Mondelez?** 19 de junho de 2018 19:02 EDT. the Street. Disponível em: <www.thestreet.com/investing/kraft-heinz-ready-for-big-deals-14624670>.

17 INDAP, Sujeet; KAO, **Joanna S. Crie sua própria aquisição da Kraft Heinz**. Financial Times [sem data]. Disponível em: <ig.ft.com/kraft-heinz-merger>.

Em seu livro chamado *O efeito halo*[18], Phil Rosenzweig[19] descreve como a maioria dos analistas financeiros é sistematicamente delirante ao explicar as razões de sucesso de uma empresa. Ele é normalmente atribuído a uma boa estratégia ou uma gestão de alta qualidade. Dificilmente a sorte e o imponderável aparecem na conta. Mas quando essa mesma empresa sofre um declínio, muitas pessoas rapidamente concluem que sua estratégia deu errado, julga seu time como negligente e sua cultura como enfraquecida, mesmo que a mudança não tenha sido tão drástica assim. A questão é que o desempenho da empresa, bom ou ruim, cria uma impressão geral que molda a forma como percebemos sua estratégia, seus líderes e sua cultura.

O burburinho em torno da empresa só fez aumentar o interesse do público (e consequentemente da imprensa) sobre tudo que a empresa fazia. Foi uma avalanche de notícias animadoras que me fez ser soterrado pelo efeito halo.

O discurso do banco me enquadrou

Ao mesmo tempo em que a mídia produzia uma avalanche de notícias favoráveis à empresa, o discurso dos consultores de *wealth management* do banco era muito convincente. Quando tivemos nossa reunião, eles compartilharam uma excelente e pequena apresentação com quatro possibilidades para meu investimento. Com cenários de equilíbrio, simulação hipotética de cem caminhos, histogramas e modelo baseado em cinco mil retornos gerados aleatoriamente, as tabelas e os gráficos da apresentação fizeram a minha planilha de Excel parecer trabalho de jardim de infância.

A estrutura do negócio, como disse anteriormente, consistia em pegar um empréstimo para alavancar minha posição com uma taxa de juros inacreditável. O banco conseguiria essa taxa porque eu trabalhava para a Kraft Heinz, que fazia parte do grupo 3G, com o qual a Instituição

....

18 ROSENZWEIG, Phil. **O efeito halo:** ...e outros oito delírios empresariais que enganam os gestores. 1ª edição. Rio de Janeiro: Alta Books, 2021.

19 ROSENZWEIG, Phil. **O efeito halo: ... e outras ilusões gerenciais.** McKinsey. Trimestral. 1 de fevereiro de 2007 [artigo]. Disponível em: <www.mckinsey.com/business-functions/strategy-and-corporate-finance/our-insights/the-halo-effect-and-other-managerial-delusions>.

tinha um relacionamento de longa data. Eu ficaria com minhas ações, receberia o dividendo e a valorização dos papéis e só teria que deixá-los como garantia. Como eu estava usando o poder da alavancagem, eu tinha o potencial de ver retornos de 40% em apenas um ano. Mais um detalhe, recebi essa recomendação depois de ter sido bombardeado por relatórios de alta sobre as ações ao longo de dois anos. Ou seja, durante este período eles me deram vários "empurrõezinhos" que influenciaram minha decisão final.

Este recurso, conforme definido pelos seus criadores, Richard Thaler[20] e Cass Sunstein, é chamado de ***Nudge*** (empurrão). É um ato que influencia sutilmente determinada escolha, sem proibir nenhuma opção ou alterar significativamente seus incentivos. É uma sugestão dada de forma sutil, ao ponto de o outro não saber que está sendo sugestionado. Por exemplo, se você não quer que uma criança coma *junk food*, melhor do que banir as comidas pouco saudáveis é deixar ao alcance dela somente opções saudáveis.

No meu caso com o banco, eles queriam me mostrar que o investimento era seguro e evitaram falar dos riscos. Enquanto negociávamos, os consultores sempre destacavam que os americanos usam amplamente essa estratégia. Sabendo que já trabalhei na AB InBev, comentavam com frequência como alguns dos executivos de lá ficaram multimilionários usando alavancagem. Eles diziam que a Kraft Heinz já havia caído 35% em relação ao seu pico e começaria a recuperar o seu valor.

Sei agora que todas aquelas reuniões e todos os relatórios que me fizeram pedir dinheiro emprestado, além de empurrõezinhos, faziam parte de um **efeito de enquadramento**, que é quando nossas decisões são influenciadas pela forma como as informações são apresentadas. Fatos e dados equivalentes podem ser mais ou menos atraentes dependendo do que é destacado. Por exemplo, pegue dois potes de iogurte: Um com os dizeres "10% de gordura", e outro com "90% sem gordura". O viés de enquadramento nos induzirá a escolher a segunda opção, que parece ser a mais saudável, embora as duas sejam iguais.

> **ELES EXECUTARAM COM LOUVOR AQUILO QUE OS BANCOS FAZEM DE MELHOR: ESCONDER RISCOS.**

20 THALER, Richard H; SUNSTEIN, Cass R. **Nudge:** Como tomar melhores decisões sobre saúde, dinheiro e felicidade. 1ª Edição. Rio de Janeiro: Objetiva, 2019.

O problema do viés de enquadramento é que ele nos induz a focar nas informações que são mostradas, enquanto as demais são negligenciadas. A partir do momento que entendi isso, ficou claro porque decidi escolher um investimento arriscado. Meu consultor financeiro enfatizou demais o lado positivo: valorização das ações, taxas de juros baixas, recebimento de dividendos, uma taxa de imposto mais baixa e coisas do gênero. E não fez nenhum alerta sobre os riscos e as possíveis desvantagens. Não houve uma apresentação explicando os perigos de usar um empréstimo de margem, nenhuma simulação do que poderia acontecer com minhas finanças, se a ação caísse mais de 20%, nenhum esclarecimento do que poderia acontecer, se eu entrasse em uma chamada de margem. Eles executaram com louvor aquilo que os bancos fazem de melhor: esconder riscos.

Não sei se posso dizer que seja normal alguém pegar um empréstimo de um banco e alavancar 75% do seu patrimônio e depois concentrar 90% dos investimentos em uma única ação. Num cenário ideal, se houvesse um interesse genuíno em proteger o cliente, a área de *compliance* teria feito as ressalvas necessárias. Apenas a concentração em si mesma acionaria todos os alarmes dentro do banco e eu seria alertado. Mas como eles não tinham nada a perder, por que me dizer que as coisas poderiam dar errado? Só a minha cabeça estava em jogo porque assumi todos os riscos. Nenhuma bandeira vermelha foi levantada.

> **"CUIDADO COM QUEM TE ORIENTA A FAZER UMA TRANSAÇÃO FINANCEIRA, CUJO DESFECHO POSITIVO É BOM PARA AMBAS AS PARTES, MAS O DESFECHO NEGATIVO AFETA SOMENTE A VOCÊ".**

Acredito que o banco falhou no meu caso em vários aspectos: não me deu um alerta sobre os riscos que eu assumiria e omitiu informações cruciais como o nível de risco que eu estava assumindo; me emprestou 75% do preço total da compra, apesar de o *Federal Reserve* limitar esse percentual a 50% (como eu só fui descobrir depois); os consultores não cumpriram o dever fiduciário de agir no melhor interesse do cliente, pelo contrário, sequer se preocuparam em discutir o meu perfil de investidor. E, pra finalizar, foram negligentes ao não diversificar o meu portfólio.

Pena que naquele momento eu ainda não tinha lido os livros do matemático Nassim Taleb e não conhecia seu seguinte ensinamento: "cuidado com quem te orienta a fazer uma transação financeira, cujo desfecho positivo é bom para ambas as partes, mas o desfecho negativo afeta somente a você".

Eu só decidi procurar outros consultores financeiros quando já havia perdido US$1 milhão. Quando lhes contei minha história, eles ficaram chocados. Disseram que ninguém em sã consciência deveria ter me proposto emprestar tanto dinheiro concentrado em uma única ação, nem deveria ter permitido que isso acontecesse. Infelizmente, eles não tinham como me ajudar a sair do atoleiro.

Existem duas razões principais pelas quais os bancos podem manter esse comportamento imprudente: eles não sofrem consequências e sequer são punidos. Pelo contrário, muitas vezes, os executivos recebem bônus por venderem mais empréstimos que são vantajosos somente para o banco. E se algo ruim acontecer à Instituição, lá estará o governo e o dinheiro do contribuinte para socorrê-lo. Todos sabemos que eles são grandes demais para quebrar.

Além disso, eles não podem ser levados à Justiça comum. Aprendi isso depois de discutir o que aconteceu comigo com vários advogados. Nas centenas de páginas que assinei para abrir minha conta de corretagem, investir e obter o empréstimo, as letras miúdas diziam que o mutuário e o banco renunciam a qualquer direito a um julgamento por júri. Em vez disso, eu deveria levar minha reivindicação à FINRA, *Financial Industry Regulatory Authority Inc.*, uma organização não governamental cuja missão declarada é "proteger o público investidor contra fraudes e más práticas[21]".

Ao banir corretores que violam suas regras de conduta, a FINRA impede que muitos crimes financeiros ocorram. Por outro lado, a Instituição enfrenta muito do mesmo tipo de crítica frequentemente aplicada a qualquer organização autorreguladora, a de que faz apenas o suficiente para manter a confiança do público. Embora os membros estejam interessados em manter a credibilidade, isso só vai até certo ponto. Os membros precisam eliminar os piores infratores, mas eles não querem estar sob os holofotes.

A situação de ser julgado por seus pares cria uma zona de segurança para a categoria. Mesmo que esse júri se afirme imparcial, é difícil eliminar todos os preconceitos e o instinto de proteção. Nem mesmo a crise

21 Site para consulta: <www.finra.org/about>.

do subprime de 2008, que afetou milhões de pessoas, mudou a lógica do mercado.

E não são poucos os que tomam algum prejuízo financeiro anualmente. De acordo com a Pesquisa de Finanças do Consumidor de 2019[22], 56,5% de todas as famílias americanas procuraram aconselhamento de um profissional financeiro. Só posso imaginar que muitas pessoas devem ter sofrido perdas traumatizantes e não tiveram o conhecimento, os meios ou a força para fazer algo a respeito. Acredito que, além da falta de conhecimento, a vergonha e a culpa de admitir que cometeu um erro financeiro que prejudicou o bem-estar de sua família são as principais razões pelas quais as pessoas optam por não brigar. Há também a sensação de estar lutando uma batalha perdida.

Na minha pesquisa, encontrei um artigo que Taleb escreveu em 2011 para o New York Times[23]. Ele sugeria acabar com os bônus para banqueiros e a implementação do código de Hamurabi, que governou os babilônios há quase 4 mil anos e é considerada a melhor regra de gerenciamento de risco de todos os tempos. Ele é composto por 282 leis, a maioria referente à punição. A regra número 229 diz: "Se um construtor erguer uma casa para um homem e ela desmoronar causando mortes, ele será condenado à morte". Claro que não estou defendendo enviar nenhum banqueiro ou consultor financeiro para o corredor da morte, mas defendendo um tratamento mais justo, que elimine ou reduza essa assimetria.

> **ASSIMETRIA DO SISTEMA: É UM INDIVÍDUO QUEBRADO CONTRA UMA INSTITUIÇÃO COM RECURSOS INFINITOS.**

Como a chance de se implementar o código de Hamurabi nos tempos modernos é nula, eu fui atrás dos recursos disponíveis e abri um processo contra o banco. Foi uma decisão muito difícil por uma série de motivos. Primeiro porque eu não tinha mais recursos para contratar um advogado, então, tive que buscar um profissional que topasse fazer o trabalho num modelo de contingência, no qual ele só ganha se eu ganhar o processo (isso sim é arriscar a própria pele junto com o cliente). Em segundo lugar, porque o processo escancarara a

22 Site para consulta: <www.federalreserve.gov/econres/scf_2019.htm>.

23 TALEB, Nassim Nicholas. **Fim dos bônus para banqueiros**. 7 de novembro de 2011. Disponível em: <www.nytimes.com/2011/11/08/opinion/end-bonuses-for-bankers.html?,r=2&partner =rss& emc=rss>.

assimetria do sistema: é um indivíduo quebrado contra uma Instituição com recursos infinitos. E, por fim, eu fui obrigado a reviver todos os traumas daquele período quando o que eu mais queria era nunca ter passado por isso.

Meu processo durou 4 anos e foi muito desgastante. Uma dezena de audiências canceladas, a agressividade dos advogados, a incerteza do resultado final, as versões dadas às interpretações dos fatos, apesar dos documentos e a constante exposição da ferida que estava tentando cicatrizar. Após todo esse tempo, o banco resolveu oferecer um acordo que, por motivos de confidencialidade, não posso revelar. No entanto, nas palavras do meu advogado: "acordo bom é aquele que é ruim para ambas as partes". Pessoalmente, mais do que ter tido a resiliência para enfrentar o processo e recuperar parte do dinheiro, o acordo representou um ponto final naquele capítulo da minha vida.

Independentemente do resultado da ação, minha intenção é que as pessoas saibam que existem recursos, mesmo que imperfeitos, para se buscar uma reparação. Mas, como tudo na vida, eles têm um custo. No Brasil, isso pode ser feito através da BSM Supervisão de Mercados[24], a área da B3 que supervisiona as operações. Em casos como o meu, acredito que inserir algumas obrigações no processo de aprovação, como evitar alavancagem concentrada em ações, fazer com que o banco explique todos os riscos e tenha o consentimento do cliente, e proibir comissões por empréstimos de margem, poderia colocar Instituições e investidores em uma posição mais equânime durante as negociações.

Fui atropelado por um cisne negro

Acredito que represento tudo o que Nassim Taleb ridicularizou em seus livros, principalmente em *Iludidos pelo acaso*[25]. Eu me formei em economia, trabalhei para grandes corporações, liderei um departamento responsável por fazer previsões e até ganhei algum dinheiro no mercado de ações. Achei que tudo de positivo que acontecia na minha vida podia ser

......

24 Site de consulta: <www.bsmsupervisao.com.br/>.

25 TALEB, Nassim N. **Iludidos pelo acaso:** A influência da sorte nos mercados e na vida. 1ª edição. Rio de Janeiro: Objetiva, 2019.

creditado às minhas habilidades e ao meu esforço. Só depois pude reconhecer o papel importante da sorte na minha trajetória.

Quisera eu ter lido seus livros, especialmente *Cisne negro*[26], antes de fazer meu investimento. Talvez eu não fosse atingido por um deles. Até o século XVII, presumia-se que os cisnes negros não existiam. Como as aves relatadas, até então, eram de penas brancas, as negras foram consideradas impossíveis ou inexistentes. Isso só mudou no final do século XVII, quando alguns exploradores holandeses viram cisnes negros na Austrália Ocidental. O termo posteriormente se metamorfoseou para a ideia de que algo considerado impossível pode mudar de status no futuro. Taleb usou a teoria do cisne negro como uma metáfora que descreve um evento que vem como uma surpresa, tem um efeito importante e, muitas vezes, é inadequadamente racionalizado após ter acontecido.

Se eu perguntasse a qualquer pessoa no mundo, no verão americano de 2018, qual era a probabilidade de o 3G comprar outra empresa *versus* qualquer uma de suas empresas perder 60% de seu valor de mercado e ser alvo de investigação da SEC, o resultado seria 100% *versus* 0%.

Falando em retrospectiva, agora posso ver claramente alguns alertas que ignorei naquela época. No terceiro trimestre de 2018, quando as ações começaram a cair, eu deveria ter tomado uma atitude. Mas minha aposta era muito alta e o medo de perder me paralisou. Voltando à **teoria do prospecto**, de Daniel Kahneman e Amós Tversky, a **aversão à perda** nos leva a tomar decisões erradas. Isso porque, psicologicamente, a dor da perda é duas vezes mais poderosa que o prazer de ganhar.

Nas finanças comportamentais tendemos a dar um peso maior às perdas do que aos ganhos. Isso provoca uma assimetria irracional, fazendo-nos tomar decisões incompatíveis com a lógica. Imagine que você tenha comprado uma ação a R$10. Se o preço cair, a dor da perda faz com que você, na tentativa de evitá-la, compre mais ações para recuperar seu capital adiante – numa operação conhecida como preço médio -, mesmo que a empresa não seja mais uma boa alternativa de investimento. Ou então, você não faz nada. Mantém uma empresa sem futuro na sua carteira de investimentos esperando, quem sabe um dia, que ela volte ao preço que pagou. É a **aversão à perda** atuando através da recusa em admitir eventuais erros na escolha da aplicação. Além disso, também há

......

26 TALEB, Nassim N. **A lógica do Cisne Negro:** O impacto do altamente improvável. 19ª edição. Rio de Janeiro: Best Seller, 2008.

a influência do **viés de ancoragem**, que nos faz pensar em liquidar ou manter um investimento em função do seu preço passado em vez de olhar as perspectivas futuras. Ou seja, você espera que a ação volte a valer R$10 para poder vendê-la.

Além do medo de perder, eu estava influenciado pelo **efeito de dotação**, que é apego exagerado. A tendência do ser humano é sempre superestimar o que tem. No meu caso, quando a ação começou a perder valor, foi difícil admitir que precisava vender. Eu havia me esforçado muito e esperado cinco anos para conseguir acumular aquele patrimônio. Não poderia vendê-lo por qualquer preço.

Ligado a isso estava também todo o medo de perder a **dissonância cognitiva**, um viés cognitivo que ocorre quando as pessoas precisam dar coerência às suas crenças, quando estas são desmentidas pelos fatos. O termo foi criado pelo psicólogo social americano Leon Festinger e também afeta os investidores. Segundo ele, a existência de dissonância — ou inconsistência — é o resultado de um desconforto emocional que ocorre quando fatos ou evidências contrariam as crenças ou cognições de uma pessoa ou grupo de pessoas. É muito comum que investidores passem a ter uma relação emocional com alguns investimentos. Eles passam a acreditar que irão ganhar muito dinheiro com aquele papel e se recusam a aceitar fatos que contrariam sua crença. O mercado financeiro não é um local para se ter crenças.

Quando decidi fazer o empréstimo, a dissonância cognitiva veio de mãos dadas com a **negligência da probabilidade**, que tende a desconsiderar a probabilidade ao tomar alguma decisão. Pense em um caso hipotético no qual uma pessoa decide tomar um empréstimo (ou usar a alavancagem) para comprar uma casa por R$100. Ele dá 10% de entrada (R$10) e empresta (alavanca) R$90 do banco. Seu índice de alavancagem é de 10:1; ou seja, para cada R$10 em um ativo, ele tem R$1 como patrimônio (dinheiro próprio).

Se o preço da casa subir 10%, o ganho é de 100%. A casa passou a valer R$110. Se a casa for vendida hoje, a pessoa pode pagar sua dívida de R$90 e ficar com R$20 restantes. A valorização de 10% do valor da casa é 100% de lucro em seu investimento inicial de R$10. Mas se houver um revés no mercado imobiliário e o valor da casa cair para R$90, a pessoa terá que devolver ao banco seus R$90 e receber zero. Da mesma forma, 10% de depreciação no preço é igual a 100% de perda no patrimônio.

Vamos imaginar um prejuízo um pouco maior. Se o preço de uma casa cair 20%, a perda é de 200% do valor do investimento inicial, porque a casa passou a valer R$80. O investidor perdeu os R$10 iniciais e outros R$10 no valor da casa, mas ele ainda deve R$90 ao banco. Ou seja, por conta da alavancagem, essa pessoa terá que pagar ao banco com seu próprio dinheiro ou com outros bens, porque o banco nunca perde.

O meu caso foi um pouco mais extremo. Não só pelo índice de alavancagem (alavanquei US$0,75 para cada dólar), mas também pela concentração. A queda no preço da ação não foi de 20%, mas de 60%.

O cisne negro, no meu caso, foram os resultados da Kraft Heinz. Quando o banco me vendeu o empréstimo, a expectativa era de alta nos preços das ações, mas não me planejei, sequer pensei na possibilidade de uma baixa tão acentuada. Eu estava contaminado pela dissonância cognitiva. Além disso, o banco nunca me mostrou nenhuma simulação do que poderia acontecer com meus investimentos caso a ação caísse de preço.

TENDEMOS A CREDITAR O SUCESSO À COMPETÊNCIA E O FRACASSO À FALTA DE SORTE. MAS A VERDADE É QUE SUBESTIMAMOS O PAPEL DA SORTE E DO RISCO EM NOSSOS INVESTIMENTOS.

Se tudo ocorresse como o esperado e a deusa da Fortuna tivesse sorrido pra mim, a Kraft Heinz seguiria os passos da ABI e do Burger King, consolidaria a indústria alimentícia e suas ações valorizariam 60% ou mais. Com isso, eu poderia pagar ao banco e ter com US$2,75 milhões líquidos. Esse lucro seria mais de 2,5 vezes o valor que investi originalmente. No entanto, em vez disso, a Kraft Heinz teve queda de 60%. Minha perda líquida foi de 95%.

Tendemos a creditar o sucesso à competência e o fracasso à falta de sorte. Mas a verdade é que subestimamos o papel da sorte e do risco em nossos investimentos. Não reconhecemos que são duas faces da mesma moeda. A linha entre ser audacioso e imprudente é tênue. A alavancagem pode ajudar a fazer uma fortuna, mas também pode causar ruína financeira.

Às vezes penso comigo mesmo o que teria acontecido se tivesse dado certo. Eu realmente não sei. Provavelmente eu estaria tentando fazer mais. Eu poderia ter me transformado em um colecionador de coisas. Agora, espero me tornar um colecionador de histórias.

Eu era um fanático entre os fanáticos

No prefácio do livro *Sonho grande*, de Cristiane Correa[27], Jim Collins escreveu sobre o jeito de trabalhar do trio Lemann, Sicupira e Telles, “Certa vez perguntei: Qual é a essência do tipo de pessoa que vocês buscam? A resposta: Fanáticos. Vivemos numa época em que as pessoas querem uma solução rápida, um atalho para resultados excepcionais. Mas não existe esse caminho fácil. Existe apenas um esforço intenso, de longo prazo, sustentado. E o único meio de construir esse tipo de empresa é ser fanático. As pessoas obcecadas não se tornam as mais populares, já que com frequência intimidam as outras. Mas, quando os fanáticos se reúnem com outros fanáticos, o efeito multiplicador é irrefreável”.

> **TODO MUNDO QUE PERTENCE A UMA TRIBO SUBESTIMA O QUÃO INFLUENTE AQUELA TRIBO É NA SUA FORMA DE PENSAR.**

Eu me reconhecia como um dos fanáticos. Por estar entre eles, fiquei suscetível ao **viés de grupo**, que é um padrão de favorecer os membros do próprio círculo em detrimento dos demais. Todo mundo que pertence a uma tribo subestima o quão influente aquela tribo é na sua forma de pensar.

Sendo um fanático, fiquei cego às possíveis evidências de que as coisas não estavam indo bem. Eu percebia que a empresa vinha enfrentando um *turnover* muito alto. Eu sei o quanto isso compromete um negócio, porque gente entrando e saindo toda hora machuca os processos e atrapalha o andamento das decisões. Eu também via que algumas pessoas nos cargos de liderança eram despreparadas. Ainda que a cultura 3G seja de “esticar” pessoas – usando um jargão corporativo –, acreditar em jovens talentos e dar o osso maior do que a pessoa pode roer, ali na Kraft Heinz esse modelo não funcionou como o esperado.

Na Ambev também era comum colocar jovens em posição de liderança, inclusive, esta foi uma das características que me atraíram na empresa. No entanto, há duas diferenças fundamentais em relação à Kraft Heinz. Na Ambev, Marcel Telles demorou 10 anos entre a aquisição da Brahma e a fusão com a Antarctica. Durante esse tempo, ele sedimentou

......

27 CORREA, Cristiane. **Sonho grande:** Como Jorge Paulo Lemann, Marcel Telles e Beto Sicupira revolucionaram o capitalismo brasileiro e conquistaram o mundo. 1ª edição. Rio de Janeiro: Sextante, 2013.

a cultura e desenvolveu um *pipeline* enorme de gente. Quando a Ambev começou a expandir, a cultura estava bem estabelecida e isso ajudava na adaptação e no suporte desses jovens líderes.

O time conseguia tocar bem o dia a dia de forma que a operação não quebrasse. Por exemplo, se um trainee assumisse como gerente de fábrica logo nos primeiros anos, o gerente de embalagem ou de logística era mais experiente. Isso criava um mecanismo de equilíbrio que evitava uma ruptura completa. Na Kraft Heinz, seja pela alta rotatividade de pessoas ou pela vontade de implementar a nova cultura rapidamente, quando um novo líder assumia, ele não tinha o suporte, pois o time abaixo dele também era inexperiente.

Além da questão cultural, os resultados não estavam tão bons e algumas marcas sofriam com isso, mas eu jamais imaginaria que pudesse haver uma acusação de fraude contábil. Até porque o item 10 da cultura AB InBev era "a gente não toma atalho". Quando havia qualquer pessoa na empresa que fazia algo errado do ponto de vista moral e legal – como não pagar fornecedor para bater meta – ela era punida exemplarmente com demissão. O caso não era divulgado oficialmente, mas também não era abafado, na intenção de que nunca mais se repetisse.

Considerando que havia um desejo de forjar ali o jeito Ambev de trabalhar, eu não conseguia cogitar que a empresa seria investigada pela SEC. Mas foi. A companhia foi condenada a pagar uma multa de US$62 milhões por fraudes contábeis no departamento de suprimentos durante anos. Além disso, dois de seus diretores também foram condenados[28], mas, no caso deles, as multas foram de US$100 mil e US$300 mil respectivamente.

Os valores definidos em casos como esses são um convite à **álgebra de dissuasão** e a tomada de "risco". Essa corresponde a um conceito que sugere que a probabilidade de ser pego e a severidade da pena devem ser consideradas ao dissuadir atos ilegais. A ideia é que se a probabilidade de ser pego for baixa ou se a pena não for significativa, então as pessoas terão maior probabilidade de infringir a lei.

Outro traço da cultura da Kraft Heinz, que era bem diferente do modelo Ambev, era a transparência. Apesar de todo esse cenário interno

....

28 U.S. SECURITES AND EXCHANGE COMMISSION. **SEC acusa a Kraft Heinz Company e dois ex-executivos por envolvimento em esquema contábil de anos.** Comunicado de Imprensa – 2021-174. Disponível em: <www.sec.gov/newsroom/press-releases/2021-174>.

desfavorável, a comunicação para os funcionários e para o público externo era de que a companhia cresceria e continuaria se consolidando, buscando comprar outras empresas. Era como se eles dissessem "sabemos que está difícil, mas aguenta firme que lá na frente vamos ser grandes". Isso nos trouxe a expectativa de uma nova aquisição.

Em 20 de fevereiro de 2019, o então CEO concedeu uma entrevista, falando do potencial de crescimento em grande escala da companhia: "Eu posso dizer que o valor de mercado hoje é muito mais atrativo do que anteriormente. (...) Algumas vezes vai funcionar e outras não. Quando aparece alguma oportunidade na qual dois mais dois é mais que quatro, precisamos nos mover. Quando não aparece, é melhor não fazer nada, especialmente porque nossa agenda de crescimento é clara. Há um enorme potencial para crescimento".

A entrevista foi concedida um dia antes do Armagedom. Eu posso imaginar a enorme pressão da administração quando planejou essa estratégia de comunicação, tentando apresentar uma mensagem positiva na véspera do anúncio das más notícias: queda no resultado, corte de dividendos e investigação por fraude na SEC. Afinal de contas, como disse Jeff Immelt que sucedeu a Jack Welch como CEO da GE, "todo trabalho parece fácil quando não é você quem está fazendo". No entanto, quando se trata de liderança, sou um grande fã de Winston Churchill, que costumava dizer que "não há erro pior do que manter falsas esperanças que logo serão varridas. As pessoas podem enfrentar perigos ou infortúnios com coragem e entusiasmo, mas se ressentem amargamente de serem enganadas".

Infelizmente, para mim, a constatação do navio naufragado veio tarde demais. Eu havia trabalhado para empresas 3G, nos últimos 16 anos, então vi, em primeira mão, os sucessos que conseguiram alcançar. Eu era um soldado leal de Lemann e Buffett e podia me ver ao lado deles no longo prazo.

O que também me fazia desacreditar na queda dos resultados era o fato de Jorge Paulo Lemann e Warren Buffett estarem no *board* da companhia. Se algo não estivesse indo bem, eles tomariam uma atitude e chamariam as pessoas certas para tomar conta do negócio. Eles até trocaram o CEO e outros diretores. O que eu não sabia era que a mudança aconteceria tarde demais.

Superestimei minha inteligência para investir

David Dunning e Justin Kruger são dois psicólogos sociais que identificaram um viés e o nomearam em homenagem a si. O **efeito Dunning-Kruger** é um tipo de viés cognitivo no qual as pessoas acreditam que são mais inteligentes e mais capazes do que realmente são. Essencialmente, as pessoas com baixa capacidade não possuem as habilidades necessárias para reconhecer sua própria incompetência. A combinação de baixa autoconsciência e baixa capacidade cognitiva os leva a superestimar suas próprias capacidades.

Vemos o efeito Dunning-Kruger sendo aplicado em todos os lugares: na mesa de jantar com nossa família, na escola, nas corporações. Normalmente, a pessoa mais barulhenta na sala recebe mais atenção e conduz a discussão, mas nem sempre é quem tem mais a dizer. É também um recurso para maus líderes quando eles levantam a voz e conduzem a conversa sem ouvir a opinião do resto da equipe. Nem sempre as pessoas mais capazes tomam a decisão, mas sim, aquelas com maior habilidade percebida. Esse fenômeno pode levar a escolhas abaixo do ideal, se não aumentarmos nossa autoconsciência, se pararmos de aprender e não fizermos perguntas que contrariem nossas próprias crenças para não cair na armadilha do viés de confirmação.

> **NEM SEMPRE AS PESSOAS MAIS CAPAZES TOMAM A DECISÃO, MAS SIM, AQUELAS COM MAIOR HABILIDADE PERCEBIDA.**

É importante dizer que o efeito Dunning-Kruger não é sinônimo de baixo QI (quociente de inteligência). O que acontece é apenas a lacuna entre nossa competência percebida e real. Essa lacuna ocorre por dois motivos principais, autoestima e falta de metacognição. Gostamos de nos sentir espertos e detestamos admitir desconhecimento sobre qualquer assunto. O fato é que não somos bons em alegar ignorância frente aos nossos pares, e é por isso que o cérebro desencadeia uma resposta, que pode ser consciente ou subconsciente. É o mecanismo de defesa natural que nossa mente cria para não sermos rotulados de burros na frente da multidão, por isso tendemos a superestimar nossas habilidades e conhecimentos em vários tópicos.

A falta de metacognição tem a ver com nossa capacidade, ou a falta dela, de sair e nos ver de uma perspectiva externa. Outro fator contribuinte que aumenta o impacto do efeito Dunning-Kruger em todos nós, é o sucesso passado. Mesmo quando adquirimos pouco conhecimento sobre um assunto, tendemos a nos superestimar. Isso pode criar o **viés do excesso de confiança**, que é a mãe de todos os vieses. Acrescente a isso o uso de heurísticas, os atalhos mentais que usamos para tomar decisões rapidamente. Questionar a nós mesmos é difícil e exige muito tempo e esforço. Então, assumir que somos competentes em qualquer assunto pode ser um atalho para resolver problemas mais rapidamente.

A combinação de falta de autoconsciência, heurística, viés de confirmação e o efeito Dunning-Krugger pode levar a uma combinação letal quando se trata de tomada de decisão. Todos nós que sofremos desses vieses psicológicos precisamos permanecer vigilantes e aumentar a autoconsciência. Como disse Bill Gates: "O sucesso é um péssimo professor. Ele seduz as pessoas inteligentes a pensar que não podem perder".

Confundi a estratégia corporativa com minhas finanças pessoais

Quando se trata do uso da dívida para a criação de riqueza, existem dois perfis de pessoas, aquelas do time de Dave Ramsey[29], radialista e escritor americano, para quem uma dívida é um mal. Do outro lado, temos Robert Kiyosaki[30], ensinando lições de seu pai rico, argumentando que a alavancagem financeira é crucial para independência financeira, apesar dos riscos.

Quem está certo? Não sei. Com base na minha experiência pessoal, agora estou mais inclinado a integrar a turma do Ramsey, mas os profissionais em quem eu me inspirava estavam ao lado de Kiyosaki.

Quando olho para a história dos homens do 3G, fica evidente que a alavancagem desempenhou um papel crucial na construção de suas fortunas. Todas as empresas que eles compraram foram aquisições alavancadas. Quando a InBev fez uma oferta de US$52 bilhões para comprar a Anheuser-Busch, a aquisição foi financiada por uma linha de crédito de

29 RAMSEY, Dave. **A Transformação total do seu dinheiro: Um plano eficaz para alcançar o bem-estar financeiro.** 1ª edição. Campinas: Auster, 2021.

30 KIYOSAKI, Robert; LECHTER, Sharon. **Pai rico, pai pobre.** 1ª edição. Rio de Janeiro: Elsevier, 2000.

US$45 bilhões. Mais tarde, em 2010, veio o Burger King, que concordou em se vender por US$4 bilhões. A 3G colocou apenas US$1,2 bilhão e levantou US$2,8 bilhões com bancos para financiar essa aquisição.

Em 2013, Buffett e Lemann se uniram para criar o maior negócio de todos os tempos na indústria de alimentos quando concordaram em comprar a Heinz por US$28 bilhões, incluindo dívidas. O Berkshire Hathaway e o 3G Capital financiaram a transação por meio de uma combinação de dinheiro (cada empresa investiu US$4,4 bilhões em patrimônio para o negócio), bem como financiamento de dívida que foi bancado por grandes bancos americanos. Esses bancos também foram os protagonistas do maior empréstimo comercial da história dos mercados globais: o empréstimo recorde[31] de US$75 bilhões para a ABI[32] para financiar a aquisição da SABMiller.

O modelo não funcionou para mim, mas funcionou para eles. Um dos meus grandes erros foi acreditar que poderia aplicar a estratégia corporativa às minhas finanças pessoais e não entender que eles jogam em uma liga diferente. Eles ainda podem fazer isso. Como foi publicado também na Bloomberg[33], em agosto de 2020: "Os bilionários por trás da 3G Capital Partners Ltd. pegaram dinheiro emprestado do Credit Suisse Group AG para comprar, pelo menos, R$2 bilhões (US$ 368 milhões) da oferta pública de ações da varejista brasileira Lojas Americanas SA". Em 19 de fevereiro de 2021, eles anunciaram a fusão entre Lojas Americanas (LAME4) e B2W (BTOW3), duas empresas que o trio controla, elevando as ações em 20% no dia seguinte. Eles aplicaram essa lógica de fazer negócios ao longo de décadas e foram demasiadamente bem-sucedidos com isso.

Tentar replicar o que aqueles homens fizeram não era uma ilusão, mas um delírio. Uma ilusão acontece quando vemos Lionel Messi carregando

......

31 REILLY, Alasdair; WALSH, Tessa. **AB InBev backs SABMiller buy with record $75 billlion loan**. November 13, 20152:53 PM GMT-2. <www.reuters.com/article/world/europe/ab-inbev-backs-sabmiller-buy-with-record-75-billion-loan-idUSKCN0T019B>.

32 BLOOMBERG. **AB InBev obtém empréstimo record de US$75 bilhões para comprar SABMiler**. Negócios perseguições. 11 de novembro de 2015. Disponível em: <www.bloomberg.com/news/articles/2015-11-11/ab-inbev-gets-record-75-billion-loan-to-buy-sabmiller-a-o-says>.

33 BLOOMBERG. **Bilionários da 3G recorrem ao Credit Suisse para acordo vinculado ao empréstimo com o Brasil**. Negócios perseguições. 11 de novembro de 2015. Disponível em: <www.bloomberg.com/news/articles/2015-11-11/ab-inbev-gets-record-75-billion-loan-to-buy-sabmiller-a-o-says>.

a bola do meio-campo para o gol do adversário, driblando quatro ou cinco zagueiros e marcando um belo gol. A bola parece estar grudada em suas chuteiras, como se fosse parte de seu corpo. Isso é uma ilusão. O delírio seria eu pensar que poderia comprar uma camisa do Barcelona e um par de chuteiras e fazer a mesma coisa para 90.000 pessoas no Camp Nou. Eu brinquei comigo mesmo. Não sou Lionel Messi. Não sou Jorge Paulo Lemann.

Lemann e Buffett também olharam no retrovisor

Apesar de nossas discrepantes diferenças, eu, Lemann e Buffett tínhamos algo em comum. Fomos todos surpreendidos pelo desastre da Kraft Heinz. Percebi isso quando vi a relação entre Buffett e o 3G azedar. Os elogios públicos recíprocos, quando as ações valiam US$83, no primeiro trimestre de 2015, simplesmente cessaram, a partir do momento que o valor começou a despencar.

Foi quando fevereiro de 2019 chegou e o sonho grande se transformou em pesadelo, Buffett colocou o 3G no freezer. Em sua carta anual aos acionistas da Berkshire naquele ano, ele não disse nada sobre a Kraft Heinz. Fez apenas uma observação de que o investimento de US$13,8 bilhões da Berkshire estava agora avaliado em US$10,5 bilhões[34]. O Oráculo de Omaha perdeu dinheiro e demorou um tempo para admitir isso em público[35]. Quatro dias após o desastre, Buffett falou: "Eu estava errado em vários aspectos sobre a Kraft Heinz. Pagamos demais pela Kraft[36]".

......

34 BERKSHIRE HATHAWAY INC. **Berkshire'sPerformancevs.theS&P500.** Disponível em: <www.berkshirehathaway.com/letters/2019ltr.pdf>.

35 FRIEDMAN, Nicole. Warren Buffett: **Paguei a mais pela Kraft Heinz.** Atualizado em 25 de fevereiro de 2019, 17h23 ET. WSJ Profissional Private Equity. Disponível em: <www.wsj.com/articles/warren-buffett-i-overpaid-for-kraft-heinz-11551098035>.

36 Site para consulta: <www.reuters.com/article/us-berkshire-buffett-kraft-heinz/warren-buffett-says-berkshire-overpaid>.

Jorge Paulo Lemann também teve que reconhecer que seu modelo de negócios comprar-apertar-repetir[37] estava ultrapassado. "Sou um dinossauro aterrorizado", disse ele, na Conferência Anual do *Milken Institute*[38]. E completou "venho de um mundo em que marcas antigas e com grandes volumes conseguem crescer apenas se concentrando em ser muito eficiente, e, de repente, estamos sendo surpreendidos de todas as maneiras".

A admissão de seus próprios erros, ainda que não 100% divulgados, me fez tirá-los do pedestal e ver que são apenas seres humanos e que também sofrem do **viés de retrospectiva**, aquele fenômeno psicológico que permite que as pessoas se convençam de que fizeram uma previsão daquilo que iria acontecer. Esse viés pode efetivamente alterar a própria compreensão do passado. A mudança não é dramática, mas resulta em pessoas que são mais seguras de si mesmas uma vez que tenha sido provado estar corretas.

Essa falácia lógica pode resultar em excesso de confiança, fazendo com que as pessoas pensem que têm uma habilidade especial para prever eventos ou compreender situações. Em alguns casos, o viés de retrospectiva pode realmente afetar o desempenho futuro. Se um indivíduo se sente confiante em uma previsão, tal como a obtenção de uma boa nota em uma prova, isso pode mudar seus hábitos de estudo futuros. Talvez o aluno não coloque tanto tempo para os estudos porque assume que a próxima prova vai ser fácil. Este fenômeno é chamado de **profecia autorrealizável** e está intimamente relacionado com o viés retrospectivo. Criamos excesso de confiança em nossa capacidade de prever o futuro. Isso pode ser perigoso, pois nos leva a correr riscos desnecessários. Foi o que me aconteceu.

Em retrospectiva, posso entender claramente como fui afetado. O histórico dos meus ídolos era quase impecável. O que Jorge Paulo e sua equipe fizeram com a ABI e Burger King foi de tirar o chapéu. Eles fizeram das empresas verdadeiros caixas eletrônicos. Internamente, o sonho

....

37 COLVIN, Geoff. **Como a Kraft Heinz planeja construir uma nova gigante global de alimentos.** Fortune [site]. 19 de janeiro de 2017 às 9h30 GMT-2. Disponível em: <fortune.com/longform/kraft-heinz-merger-3g-capital/>.

38 SAMOR, Geraldo. **Jorge Paulo Lemann is a 'terrified dinosaur'. But he is not lying down.** Brasil Journal, 1 de maio de 2018. Disponível em: <braziljournal.com/jorge-paulo-lemann-is-a-terrified-dinosaur-but-he-is-not-lying-down>.

da Kraft Heinz era torná-la a AB InBev dos alimentos. Ninguém duvidava que isso iria acontecer. Era apenas uma questão de tempo.

Outro aspecto importante foi confiar demais na minha capacidade de fazer dinheiro. Não sou um grande tomador de riscos, mas tomei algumas decisões ousadas na minha vida que foram assertivas. O sucesso do passado é uma merda, pois de alguma forma passamos a acreditar que vamos acertar sempre. Hoje ficou mais fácil entender por que eu achava que tinha uma bola de cristal. A maioria de nós não está ciente de nossos preconceitos, internos ou externos, ao tomar decisões de investimento. Deve ser fácil, certo? Se seguirmos apenas a ciência econômica, investir deveria ser uma decisão racional, afinal, deve-se investir seus recursos em uma carteira ótima, que traga melhores retornos. No entanto, isso só funciona nos livros didáticos. Ser inteligente não é sinônimo de ser bom investidor. Sentimentos não cabem em uma planilha de Excel e quase todos nós desprezamos nossa psicologia ao investir.

Levei muito tempo, várias sessões de terapia e muitos livros para entender que as pessoas tomam decisões financeiras com informações escassas e sem lógica. Mas essa decisão parece fazer sentido no momento em que é tomada. Como diz Daniel Kahneman, "o que a retrospectiva faz é nos cegar para a incerteza com a qual vivemos. Ou seja, sempre exageramos sobre quanta certeza existe. Porque depois do fato, tudo parece óbvio. E a presença de retrospectiva de certa forma afeta o cuidado na tomada de decisões sob condições de incerteza".

Não aprendi com o episódio do meu pai

Confúcio[39] já dizia que podemos aprender a sabedoria por três métodos: primeiro, por reflexão, que é a mais nobre; segundo, por imitação, que é mais fácil; e terceiro, pela experiência, que é a mais amarga. No período em que meu pai passou por uma crise financeira, por causa das vacas importadas, eu tinha acabado de entrar na faculdade e me sentia um fardo para ele.

Quando me formei, ele não tinha dinheiro para comprar meu álbum de formatura. Eu sei que tanto ele quanto minha mãe ficaram muito magoados por isso, mas não falamos muito sobre o assunto. Eles não

......

39 Site para consulta: <www.pensador.com/frase/Mjk3MjAy/>.

gostam de trazer de volta essas memórias. Mas quando finalmente conseguimos conversar, eles engasgaram, e engasgam ainda hoje. Seus olhos ficam lacrimejantes. Vendo todas as dificuldades que eles passaram, prometi a mim mesmo nunca estar nessa situação. Jurei nunca lidar com nenhum negócio que não entendesse porque nunca gostaria de reviver aquilo.

"A PRÓXIMA GERAÇÃO NUNCA APRENDE NADA DA ANTERIOR ATÉ QUE SEJA FORÇADA A APRENDER COM UM MARTELO. SEMPRE ME PERGUNTEI POR QUE A PRÓXIMA GERAÇÃO NÃO CONSEGUE APROVEITAR AS LIÇÕES DA GERAÇÃO ANTERIOR, MAS NUNCA CONSEGUEM ATÉ SEREM ATINGIDOS PELA EXPERIÊNCIA".

Na ocasião em que alavanquei para comprar ações da Kraft Heinz, foi a minha vez de perder tudo e voltar à estaca zero. Em essência, cometi o mesmo erro que meu pai: usei dívidas para investir e tentar criar um futuro melhor para minha família.

A história se repetia, mas, desta vez, eu era o protagonista. Nunca falei com meu pai a fundo sobre isso, mas tenho certeza de que há 20 anos ele sentiu o mesmo gosto amargo. Noites sem dormir, pesadelos, insônia, uma fogueira no estômago. Garganta fechada, pescoço e ombros tensos como uma pedra. Senti o peso de cuidar daquela derrota, daquela humilhação dentro de mim. Ter que falar com minha esposa e dizer a ela que perdi todas as nossas economias, a faculdade dos filhos e a aposentadoria foi provavelmente o momento mais desafiador da minha vida até agora. Mesmo não tendo perdido o dinheiro em um cassino de Las Vegas, foi assim que me senti. Fui irresponsável e fiz um investimento ruim.

Nenhuma lição é mais persuasiva do que aquela que você experimenta pessoalmente. Harry Truman já sabia disso há mais de um século, quando disse: "A próxima geração nunca aprende nada da anterior até que seja forçada a aprender com um martelo. Sempre me perguntei por que a próxima geração não consegue aproveitar as lições da geração anterior, mas nunca conseguem até serem atingidos pela experiência".

Felizmente, a vida nos dá outras oportunidades para que possamos fazer diferente. Anos depois meus pais conseguiram pagar suas dívidas e se reerguer. Eu já estava morando fora do país, casado e com filhos, quando recebi uma ligação muito especial. "Filho, temos um presente pra você". Era o meu álbum de formatura.

> ÀS VEZES, NÃO TEMOS CULPA DO QUE NOS ACONTECE, MAS A RESPONSABILIDADE PELA CORREÇÃO É NOSSA.

Apesar de ter tomado a decisão de investir com base em informações ruins, sem a orientação correta de pessoas que contratei para me ajudar e de ter sido surpreendido por eventos improváveis, a decisão final foi minha. Às vezes, não temos culpa do que nos acontece, mas a responsabilidade pela correção é nossa. Cabe a mim consertar os meus erros. Escolhi aprender e crescer com eles.

Eu sei que conscientemente não atraímos coisas ruins para nossas vidas. No entanto, acredito que, de alguma forma, fazemos isso sem perceber. Lembro-me de uma época em que eu e meus colegas fazíamos *rafting* em Brotas, cidade do interior do Brasil. Houve um tempo em que as atividades esportivas ao ar livre eram muito populares no RH, pois tentavam fazer os paralelos do trabalho em equipe, foco, dedicação e resiliência com a vida corporativa. Mas o que me lembro dessa viagem foi o instrutor dizendo: "quando você estiver no rio, olhe para a água calma e segura ao lado do buraco perigoso que quer evitar. Muitas pessoas cometem esse erro. Eles ficam tão obcecados com as corredeiras que acabam remando em sua direção. Ao olhar para o que está desesperado para evitar, é mais provável que vá remar até lá". Acho que Eddie Vedder, do Pearl Jam, acertou, quando disse: "o que você mais teme pode encontrá-lo no meio do caminho[40]".

[40] *Crazy Mary* - Pearl Jam.

PONTOS DE AÇÃO

☑ **Estude Economia Comportamental:** Aprenda sobre vieses cognitivos e como eles influenciam suas decisões financeiras. Considere ler obras de autores renomados, como Daniel Kahneman e Richard Thaler.

☑ **Diversifique seus Investimentos:** Evite colocar todo seu patrimônio em um único investimento. Diversificar reduz riscos e protege seu capital de eventuais perdas.

☑ **Questione suas Decisões:** Sempre pergunte a si mesmo por que está tomando uma determinada decisão financeira. Busque opiniões de fontes confiáveis e evite agir por impulso.

☑ **Monitore e Reavalie:** Periodicamente, revise suas escolhas de investimento e esteja preparado para fazer ajustes conforme necessário. Esteja atento aos sinais do mercado e às ações das empresas em que investe. Não tenha medo de mudar de ideia.

☑ **Seja Cético com Histórias de Sucesso:** Não baseie suas decisões apenas em histórias de sucesso que você ouviu. Investigue os fracassos e desafios enfrentados pelos seus ídolos financeiros para obter uma visão mais equilibrada.

PARA REFLETIR

1. **Como meus heróis influenciam em minhas decisões financeiras? Reflita sobre o impacto que figuras de autoridade ou sucesso têm nas suas escolhas e se isso é saudável para sua estratégia financeira.**

2. **Quais são meus principais vieses cognitivos? Identifique quais vieses podem estar afetando suas decisões e como pode mitigá-los.**

3. **Como posso melhorar minha diligência ao tomar decisões financeiras? Pense em maneiras de obter informações mais completas e confiáveis antes de fazer investimentos significativos.**

APRENDIZADOS

“Um arrependimento é simplesmente um erro do qual ainda não aprendemos a lição”

Mark Manson

06

Quando eu tinha entre 14 e 15 anos, convidei uns amigos para irem até o sítio de meu pai. Era uma tarde de domingo e estávamos procurando algo emocionante para fazer. A propriedade tinha um rio lindo com uma cachoeira de quarenta metros, que nós conhecíamos bem. Para espantar o tédio, naquele dia, decidimos fazer uma trilha diferente para chegar até lá, apenas por diversão.

Depois de algum tempo caminhando, nos demos conta de que estávamos perdidos. Pensávamos que o caminho nos levaria a uma parte diferente do rio, mas não chegamos a lugar nenhum. Cansados e famintos, o desespero começou a bater. Naquela época, não havia telefone celular ou Google Maps para nos apontar a direção certa.

Um deles sentou-se e começou a chorar.

— Vamos ficar aqui até que alguém encontre a gente.

Ao ouvir o que ele disse, eu reagi:

— De jeito nenhum, temos que continuar andando. Encontraremos a saída antes que escureça.

Foi o que fizemos. Demorou um pouco, mas voltamos a salvo pra casa.

Esta história me veio à memória em um dos muitos fins de semana em que eu estava deitado na cama, em posição fetal, fingindo estar cansado apenas para evitar o mundo. Naquele momento, mesmo dentro de casa, eu me sentia perdido. Muito mais do que naquela aventura com meus amigos no meio da mata. Eu não sabia quem eu era e para onde estava indo. Minha única certeza era que eu não queria estar naquele lugar escuro, encarando os sentimentos dolorosos da depressão. Mas eu não conseguia evitá-los.

A lembrança da adolescência me apontou um caminho. "Tenho duas opções. Ou fico me escondendo, chorando, sentindo pena de mim mesmo ou sigo em frente". A trilha que eu havia escolhido, até aquele momento, não estava me levando aonde eu queria, logo, precisava encontrar um novo rumo. Eu tinha apenas uma certeza: não adiantava ficar esperando porque ninguém iria me salvar.

> **"NÃO ADIANTAVA FICAR ESPERANDO PORQUE NINGUÉM IRIA ME SALVAR."**

A perda de minhas economias e a culpa que sentia toda vez que olhava nos olhos de meus filhos me levaram para o fundo do poço. Mas também me deram lições importantes. Percebi que seria ainda mais tolo se não absorvesse algum aprendizado desse episódio e o usasse como lição para o futuro.

Eu não sabia por onde começar, o que fazer ou para onde ir. Minha única certeza era que tinha que fazer algo para mudar aquele estado de espírito. Na dúvida, abracei todas as possibilidades que apareceram. Comecei a ler livros sobre depressão, psicologia e finanças comportamentais para entender como minha mente me enganou para cometer um erro tão grande. Tomei pílulas para dormir para tentar descansar um pouco à noite e continuar no dia seguinte. Usei remédio para estabilizar meu humor. Passei a meditar diariamente para controlar minha respiração. Ouvi horas e horas de afirmações positivas, fiz hipnose do sono, limpeza dos chacras, busquei massagens para aliviar o estresse, bebi água com limão (alguém me disse que era bom para algo que nem lembro mais), aderi ao banho frio em pleno inverno de Chicago, escrevi um diário e carreguei uma pedra da gratidão no bolso.

Eu estava desesperado e qualquer pequeno conselho que me dessem, eu seguia. Fiz tanto que hoje não sou capaz de identificar com precisão o que mais me ajudou. Sinceramente, não acho que houve uma bala de prata. Não desenvolvi um método milagroso capaz de mudar vidas seguindo meia dúzia de instruções. No entanto, algumas ações tiveram um papel fundamental na minha recuperação, pois trouxeram muitos aprendizados não só sobre finanças pessoais e a relação com o dinheiro, mas também sobre a depressão. Uma delas foi a leitura do livro *Sobre a morte e o morrer*[1], de Elisabeth Kübler-Ross. Essa psiquiatra entrevistou centenas de pacientes terminais e conseguiu identificar cinco estágios pelos quais todos passaram quando descobriram sua doença. Acho que qualquer pessoa diante de qualquer notícia trágica, relacionada a qualquer tipo de perda, pode passar por essas etapas. Eu certamente fui uma delas.

Negação. Este é o primeiro estágio. É o momento que o indivíduo acredita que o diagnóstico está equivocado e se apega a uma realidade falsa e preferível. Desde o segundo semestre de 2018 até aquele fatídico 21 de fevereiro de 2019, eu passei por isso. O preço das ações já havia caído, mas mantive minha posição. Mesmo já tendo perdido US$1 milhão em novembro de 2018, esperava que a ação voltasse. Todo o mercado estava desabando e eu pensei que era temporário.

Lembrei de Buffett dizendo "seja ganancioso quando os outros estão com medo e tenha medo quando os outros são gananciosos". Eu estava lá para o longo prazo. Busquei uma segunda opinião do meu banqueiro e ele me disse que os fundamentos ainda eram sólidos e que a liquidação estava sendo impulsionada pela negociação de robôs. Eu encontrei conforto nessas palavras até que o preço caiu novamente e eu perdi mais dinheiro.

Raiva. O segundo estágio é quando as pessoas reconhecem que a negação não pode mais se sustentar e se frustram. Sentimentos de raiva, inveja e ressentimento são despejados para todas as direções, especialmente sobre os mais próximos. Renata e alguns amigos tiveram que me ouvir desabafar. Eu não era uma boa companhia para se ter por perto naqueles dias.

....

1 KÜBLER-ROSS, Elisabeth. **Sobre a morte e o morrer:** O que os doentes terminais têm para ensinar a médicos, enfermeiras, religiosos e aos seus próprios parentes. 10ª edição. São Paulo: WMF Martins Fontes, 2017.

Negociação. A terceira etapa envolve a esperança de que se possa evitar a causa do luto. É quando a maior parte das pessoas se agarra à fé e começa a barganhar com Deus. Passei pelo mesmo processo rezando para que o preço da ação parasse de cair e prometendo doar metade para a caridade caso recuperasse meu dinheiro.

Depressão. Durante o quarto estágio, o indivíduo se desespera com o reconhecimento de sua mortalidade. Fica em silêncio, recusa visitas e passa a maior parte do tempo triste e mal-humorado. A depressão é um transtorno psicológico muito complexo e eu não ousaria fingir que sou um especialista e dar qualquer recomendação sobre o que fazer. Quem passa por isso deve procurar um especialista e aprender o máximo possível sobre o tema.

No segundo semestre de 2018 e quase todo o ano de 2019, eu estava muito mal. Tinha taquicardias aleatórias, ataques de ansiedade e pânico. Eu não tinha vontade de comer. Perdi o interesse em coisas que antes gostava. Parei de correr por falta de energia. Estava constantemente cansado e com perda de memória de curto prazo, o que tornava difícil me concentrar no trabalho. E chorava muito. Um dia, durante a missa dominical, o padre Mark leu o evangelho do Filho Pródigo. Era como se ele estivesse fazendo toda a homilia só para mim. Encarnei aquele filho que perdeu toda a sua herança e depois voltou implorando por perdão, por uma segunda chance. Eu chorei o tempo todo. Minha esposa e meus filhos me olharam atônitos, sem entender o que estava acontecendo.

Aceitação. Esta é a última fase, quando os indivíduos abraçam a mortalidade ou o futuro inevitável. Cansada e sem forças para lutar, a pessoa apenas se resigna e se entrega. Frases como: "é o que é", "vai ficar tudo bem" ou "talvez seja para melhor" fazem parte deste estágio. Da mesma forma, fui forçado a aceitar minhas perdas. Não porque eu era corajoso o suficiente para me divorciar da minha posição. Eu estava tão emocionalmente envolvido que poderia levá-la para o túmulo comigo. Minha aceitação veio com a carta de cobrança do banco exigindo que eu pagasse o empréstimo integralmente.

A minha lição sobre a ganância

Recebi esta carta de cobrança assim que a Kraft Heinz anunciou seus resultados e finalmente suspendeu o período de *blackout*. Imediatamente o banco executou meu empréstimo. Financeiramente, perdi vinte anos de economia. Ao ver todo meu dinheiro derreter, me lembrei de uma história que minha mãe costumava me contar de quando eu era jovem e ela queria me ensinar uma lição sobre ganância:

"Era uma vez um camponês que tinha uma gansa que todos os dias botava um ovo de ouro. O homem começou a vender os ovos e a enriquecer com isso. Mas não demorou muito para ele querer mais e ficar impaciente com a gansa, porque ela lhe dava apenas um único ovo de ouro por dia. Então, um dia, ele teve a ideia de pegar todos os ovos de ouro de uma só vez, matando a gansa e abrindo sua barriga. Mas quando fez isso, não encontrou nem um único ovo de ouro e sua preciosa gansa estava morta".

Minha mãe é uma católica fervorosa e eu cresci servindo nas missas dominicais como coroinha. Sendo criado neste ambiente, eu tinha muita familiaridade com as palavras ganância, vergonha e culpa. Para ela, é uma história sobre ganância. Quem tem muito e quer mais, perde tudo o que tem. Devemos ser gratos pelo que Deus nos deu, e se ficarmos gananciosos, perderemos tudo.

Levei tempo, várias sessões de terapia e muitos livros para entender que as pessoas tomam decisões financeiras com informações escassas e sem lógica. Mas essa decisão faz sentido no momento da escolha. Em retrospectiva, pode parecer ganancioso, mas não é. Parece estúpido agora, mas fazia sentido na época.

Hoje eu entendo que a ganância não é ruim, como me fez acreditar em minha criação católica, nem boa, como o Gordon Gekko, do filme *Wall Street – Poder e cobiça*, tentou nos convencer. Ela é apenas um sentimento básico da natureza do ser humano. A ganância, assim como o medo, não necessariamente é uma falha de caráter. Pessoas éticas e com as melhores intenções também estão suscetíveis a passar por isso.

Além disso, as pessoas que perdem no mercado financeiro ficam com má reputação, pois são tachadas de gananciosas. O meu caso seria um exemplo: emprestei recursos para comprar ações. Na visão comum, fui ganancioso e mereço ser punido por isso. Mas imagine o seguinte: alguém vai comprar uma casa, dá apenas 20% de entrada e empresta os outros 80%. Se, por algum motivo, o valor da casa cair e o imóvel passar a valer menos do que o empréstimo, o banco pode tomá-la de volta. Ou no caso de um agricultor que financiou sua lavoura com crédito agrícola e, naquele ano, houve chuva excessiva, seca ou alguma praga. Ainda assim, ele ainda deve pagar o empréstimo ao banco. Em ambos os casos, nem o comprador da casa, nem o agricultor são vistos como gananciosos.

Você tem estômago para o risco?

Quando eu estava lutando contra a depressão, a vergonha e a culpa, eu me via como uma pessoa má. Que tipo de pai arrisca o futuro de sua família? Com o tempo, entendi que não era a ganância que estava me guiando. Claro que havia um elemento de querer mais, mas não o desejo de ficar rico por ficar rico. O que me levou a cometer essa tremenda estupidez foi o apetite cego pelo risco. Porque foi isso que aprendi com Jorge Paulo Lemann: "Se você não correr riscos, não conseguirá muito".

Mas antes de aprender essa lição de Lemann, eu deveria saber que cada investidor tem o seu nível de risco. Se eu me conhecesse bem, eu não teria feito a transação. Quando fiz aquele empréstimo, eu tomei um risco grande demais e fui contra o meu jeito de ser. Eu não estava preparado para tomar um tombo desse tamanho. Se eu tivesse clareza mínima de que havia o risco de perder tudo, eu não teria feito o que eu fiz. Em nem um milésimo de segundo, aventei a possibilidade de as economias da minha vida virarem pó.

Minha experiência não saiu como o esperado. Agora eu tenho medo e sou mais avesso ao risco. Quando somos jovens e tudo é novo e fonte de paixão, somos menos racionais. Somos mais seduzidos por promessas revolucionárias. Quando envelhecemos, tendemos a ser mais conservadores porque não acreditamos em previsões sobre o futuro sem algum nível de certeza ou materialidade. Envelheci com uma família para cuidar e tentei manter viva minha versão jovem e arrojada nos investimentos.

Quando você é o provedor e tem uma família para sustentar, o nível de stress de uma dificuldade financeira fica exponencial. Se você é jovem e solteiro, pode dormir no sofá de um amigo, cortar todas suas despesas etc. Mas quando você tem que colocar comida em casa, um teto na cabeça da sua família e pensar na educação dos seus filhos, uma ruptura financeira toma uma proporção de insegurança e de ansiedade astronômica.

> **POSSO TESTEMUNHAR QUE IR À FALÊNCIA AOS 20 ANOS É MUITO DIFERENTE DE PERDER TUDO AOS QUARENTA OU CINQUENTA.**

Aos quarenta e poucos anos, assumi um risco que deveria ter assumido aos vinte. Só que, naquela época, eu não tinha os meios para fazê-lo. Posso testemunhar que ir à falência aos 20 anos é muito diferente de perder tudo aos quarenta ou cinquenta. Não há mais tempo e energia para mudar o jogo. E semelhante à descrição da fama de Will Smith: "Tornar-se famoso é incrível. Ser famoso é mais ou menos. Perder a fama é miserável".

Se alguém me perguntar agora, eu recomendaria três coisas quando se trata da quantidade de risco que se pode suportar:

1. Tenha um fundo de emergência para desastres imprevistos;
2. Não mate sua gansa de ouro, ou seja, nunca faça nada que possa comprometer um fluxo de caixa estável para não interromper o poder dos juros compostos;
3. Respeite as regras de Warren Buffett: Regra nº 1- nunca perca dinheiro; Regra nº 2- nunca esqueça a regra nº 1.

Por que falar sobre dinheiro é tabu?

É interessante que eu me lembre da história que minha mãe contava sobre a gansa, porque não falávamos muito sobre dinheiro em casa. Quando conversei com alguns amigos, descobri que dinheiro também é um assunto tabu para eles. A maioria não toca nesse assunto com os pais, com os cônjuges, tampouco com os filhos. Isso me fez pensar por que é tão difícil discutir abertamente o tema. Com certeza é um assunto muito delicado e nossas escolas não nos ensinam como fazer, como manejar, como investir, nem como falar sobre isso.

Muitos de nós experimentamos ansiedade, vergonha ou constrangi mento quando vamos discutir sobre renda, patrimônio e outros tópicos relacionados a dinheiro. Muitos casais conversam sobre sexo ou infidelidade, mas não trocam uma palavra sobre as finanças da família. Muitas vezes, um não sabe quanto o outro ganha. Algumas mulheres acham que falar de dinheiro não é feminino e pode parecer grosseiro. Há pais ricos que não falam sobre dinheiro com os filhos porque não querem que eles se tornem arrogantes ou deixem de correr atrás do seu próprio ganho.

No mundo ocidental, perguntar quanto alguém ganha é um tabu. É como questionar o valor que uma pessoa tem, se o nosso valor como ser humano está de alguma forma atrelado ao holerite e ao saldo na conta bancária? Não sei se há uma causa raiz para isso. Talvez seja porque estamos todos errados quando pensamos sobre a natureza do dinheiro. As pessoas imaginam uma ciência exata, como a matemática. Acompanhamos, usamos fórmulas, fazemos simulações. No entanto, a relação com o dinheiro tem muito mais a ver com psicologia do que com cálculos.

Outro dia ouvi em um podcast do Professor Scott Galloway da NYU, não me lembro se no Pivot ou no The Prof G Pod, que tinha uma perspectiva diferente. De acordo com o Prof G, como ele se autointitula, são os ricos e as grandes empresas que querem que as pessoas não falem sobre dinheiro. A tese dele era que os ricos não querem expor o quanto têm para não escancarar ainda mais a desigualdade econômica e social que vivemos no mundo e, como consequência, gerar convulsões sociais por parte dos menos favorecidos. Se considerarmos que, em 2022[2], as dez pessoas mais ricas do mundo tinham a mesma riqueza que 40% da população mais pobre (ou 3,2 bilhões de pessoas), acho que ele tinha um argumento interessante.

Outro exemplo é como algumas empresas desencorajam os funcionários a discutirem sua remuneração com seus pares. Isso pode ajudar os empregadores a pagarem menos e manter diferenças salariais injustificadas, evitando conversas desconfortáveis e estresse no ambiente de trabalho. Tudo isso me fez refletir sobre como o sistema funciona.

O sistema é foda, parceiro!

Todo mundo já viu um pai trabalhador perdendo o emprego; uma mãe perdendo o filho; o fogo ou a chuva excessiva consumindo as colheitas e deixando o agricultor sem nada; e uma pessoa amada perdendo a batalha para o câncer ou qualquer outra doença. A pergunta que fica é: por que o mundo é tão injusto?

A maioria de nós acredita que somos moralmente iguais, ou seja, a vida de todos tem o mesmo valor e, portanto, o universo deve nos tratar da mesma maneira. O problema é que mesmo a definição do que é "justo" pode variar de pessoa para pessoa. O que é ultrajante aos olhos de um, pode ser normal para outro. Um time pode estar jogando o jogo mais bonito, mas, se não marcar, não vence.

Aprendi que justiça também depende do lado da mesa em que se está. Desde crianças, aprendemos que o bem é recompensado e o mal punido. Lemos histórias de heróis corajosos salvando o dia e ganhando as chaves

2 Site para consulta: <www.oxfam.org.br/forum-economico-de-davos/lucrando-com-a-dor/>.

da cidade, enquanto os vilões são mortos ou banidos. Nessas histórias, os personagens sempre colhem o que plantam.

A realidade não tem um arco narrativo tão limpo. Coisas ruins acontecem com pessoas que não fizeram nada para merecê-las, enquanto os malfeitores geralmente saem impunes. Ainda assim, temos a tendência de supor que as pessoas que se deparam com resultados infelizes devem ter alguma culpa por isso.

Faz sentido que a ideia de um mundo justo seja tão atraente. Isso torna a vida mais previsível, mais equilibrada. Às vezes eu penso se foi justo o que aconteceu comigo. Pode ser que não, afinal tento ser um bom pai, bom filho, bom marido, sou trabalhador e honesto. Mas também pode ser que sim, pois fui ganancioso, me meti em coisas que não entendia, fui arrogante e fui punido por isso. Talvez nunca tenha uma resposta, mas o que definitivamente aprendi é que o sistema é desequilibrado, com dois pesos e duas medidas.

Não foi a primeira vez que vi essa contradição. Quando meu pai estava endividado por conta da compra do gado uruguaio, o banco não o socorreu, tampouco o governo lhe deu alguma ajuda ou reduziu seus impostos. Ele teve que trabalhar dobrado, vender seu patrimônio para honrar suas dívidas, manter seu nome limpo e recomeçar.

Passados vinte anos, senti na pele o que ele passou. Em fevereiro de 2019, a Kraft Heinz recebeu uma notificação da NASDAQ por não ter publicado suas demonstrações financeiras. Por contrato, a empresa poderia ser obrigada a pagar todos seus empréstimos com os bancos de uma só vez, correndo o risco de quebrar.

No entanto, a empresa foi rápida em negociar. Em um esforço coordenado por grandes bancos, conseguiu uma isenção com os credores para não declarar inadimplência. Foram várias concessões[3] até a publicação oficial do balanço auditado, em agosto de 2019.

Enquanto isso, eu recebia vários e-mails e cartas de cobrança do banco. Até que, em 30 de maio de 2019, fui oficialmente declarado inadimplente. Como eu estava impossibilitado de vender minhas ações e não tinha mais nenhum recurso disponível, fiquei recebendo outras cartas.

3 Waiver and Consent No. 1 to Credit Agreement, dated as of March 22, 2019, to the Credit Agreement dated as of July 6, 2015, by and among The Kraft Heinz Company, Kraft Heinz Foods Company, the Lenders party thereto, JPMorgan Chase Bank, N.A., as Administrative Agent, and J.P. Morgan Europe Limited, as London agent for the Lenders. Disponível em: <www.sec.gov/Archives/edgar/data/1637459/000163745919000061/form8-kwaiverno3.htm>.

> "QUANDO VOCÊ DEVE US$1,7 MILHÃO AO BANCO, VOCÊ TEM UM PROBLEMA. QUANDO VOCÊ DEVE US$30 BILHÕES, O BANCO TEM UM PROBLEMA".

Até que, em 13 de agosto de 2019, após a publicação dos resultados da Kraft Heinz, fui obrigado a pagar meu empréstimo integralmente. Esse foi o fim da linha para mim. Eu não tinha outra opção a não ser dar ao banco todas as economias da vida. Também não tive nenhum corte de imposto ou ajuda para que débito não fosse executado.

Assim, reforcei a lição de meu pai. Ele havia me dito que "quando você deve R$100 mil para o banco, você tem um problema, mas quando você deve R$1 milhão, o banco tem um problema". Atualizando a afirmação, eu diria: "quando você deve US$1,7 milhão ao banco, você tem um problema. Quando você deve US$30 bilhões, o banco tem um problema".

Não me apaixono mais pelos meus investimentos

A realidade me forçou a admitir que meu grande sonho não deu certo como eu planejei e essa era a verdadeira fonte da minha infelicidade. Só depois de perder tudo percebi que a Kraft Heinz jamais seria como a ABI. Eu tive que aceitar que eu não realizaria meu objetivo de chegar à independência financeira. Pelo menos, não da mesma forma que eu tentei anteriormente. Fui obrigado a crescer e parte desse crescimento foi mudar meu projeto, criar uma nova visão para mim. Eu tive que considerar que perder todo o meu patrimônio poderia me trazer benefícios a longo prazo, mesmo que sutis.

Minha idolatria e adoração não me deixaram enxergar. Agora, Buffett admite que pagou demais pela Kraft e Jorge Paulo diz que o sonho grande acabou. Voltando ao **viés de retrospectiva**, de Kahneman, depois do fato, tudo é explicado, tudo é óbvio, o que nos deixa mais relapsos na tomada de decisão.

> EU NÃO TENTO SER BRILHANTE, APENAS NÃO QUERO SER ESTÚPIDO.

Foi uma lição dolorosa. Agora sei que tenho que me distanciar do fato. Quanto menos emocionalmente ligado estou à minha hipótese, maiores são as chances de fazer escolhas imparciais. Agora eu começo com a premissa de que estou errado, que vou falhar e cometer erros. Eu não tento ser brilhante, apenas não quero ser estúpido. E sigo o conselho do Jeff Bezos[4]: "Quando a ação sobe 30% em um mês, não se sinta 30% mais inteligente. Porque quando as ações caírem 30% no outro mês, não vai te fazer bem se sentir 30% mais burro".

Não tenho mais vergonha de fazer perguntas

Em minha busca para entender as razões psicológicas pelas quais tomei uma decisão financeira tão terrível, pude ver o papel que a **síndrome do impostor** desempenhou em minha mente. Ao me ver em uma sala sentado com os banqueiros de um dos bancos mais prestigiados do mundo, em um país estrangeiro, discutindo estratégias de investimento, senti que algo estava errado. Era como se eu não pertencesse àquele lugar. Morar no exterior, ser um alto executivo de uma empresa da lista da Fortune 500, investir nos EUA, conversar com consultores financeiros sobre opções de ações e obter um empréstimo de quase US$2 milhões era algo fora do meu alcance.

No entanto, eu tinha medo de que, se eu fizesse muitas perguntas, os banqueiros descobririam quem eu realmente era: um sujeito do interior de Minas Gerais, filho de açougueiros, que tinha enganado todo mundo pra chegar até ali. Em resumo, eu era uma fraude. Eu iria mostrar minha ignorância, e talvez eles desistissem do negócio e até rejeitassem a abertura da minha conta no banco. Eu tinha vergonha de fazer perguntas.

Foi uma decisão fácil de tomar, e fez sentido na época. O sucesso passado que tive no mercado de ações me fez sentir confiante para tentar movimentações mais ousadas e aumentar minhas apostas. Não fui humilde o suficiente para reconhecer que a maior parte do dinheiro que ganhei foi através de economias e alguns golpes de sorte.

Foi uma maneira cara de aprender a continuar fazendo perguntas e não ter vergonha de ser quem sou. Também aprendi a não me importar tanto com o que os outros vão pensar, afinal, eu pagarei o preço disso de qualquer maneira. Sendo assim, melhor estar bem-informado.

O budismo tem um conceito chamado **mente de principiante**, que é uma abertura ativa para experimentar e estudar novas ideias, livre de

......

4 SHETZ, Michael. **Bezos alerta funcionários da Amazon.** Atualizado em 14 de setembro de 2018. Disponível em: <finance.yahoo.com/news/bezos-warns-amazon-employees-apos-170400250.html>.

preconceitos passados, como um iniciante faria. Assumir que tem habilidade pode atrapalhar a mente do iniciante, porque o sucesso passado reduz o incentivo para explorar outras ideias, especialmente quando estas entram em conflito com sua estratégia comprovada. É perigoso. Agora, prefiro parecer um tolo por cinco minutos do que para o resto da vida. No limite, aperto o botão do foda-se e pergunto de qualquer maneira. Não importa o que as outras pessoas pensem. Importa o que recebo como resposta.

Existe almoço grátis

Há várias maneiras de ganhar dinheiro no mercado, mesmo com visões opostas. Alguns gênios do ramo, como Buffett, defendem a concentração de investimento: "Se você tem um harém de quarenta mulheres, nunca conhece muito bem nenhuma delas". Jim Rogers concorda com ele, em relação ao mesmo sentido da metáfora: "Se você quer ganhar muito dinheiro, resista à diversificação".

Essa regra pode funcionar bem para esses dois gigantes do mercado financeiro, mas infelizmente, para a maioria dos mortais a concentração de investimentos é um erro. O investidor médio deve diversificar, como diz a teoria que rendeu até prêmio Nobel a Harry Markowitz[5] ("a diversificação é o último almoço grátis disponível") e têm grandes nomes como Ray Dalio, Terry Odean e Nassim Taleb como seus defensores.

A diversificação acaba sendo uma maneira de capturar a sorte. Para ter sucesso no longo prazo com investimentos financeiros, em que decisões têm um componente grande de aleatoriedade e incerteza, a sorte é mais importante do que a competência. O problema é que acreditamos que somos mais competentes do que realmente somos e acreditamos ter uma bola de cristal para acertar a próxima empresa queridinha do mercado. É preciso muita humildade para reconhecer que a chance de acertar a próxima ação que vai crescer exponencialmente é perto de zero.

Mas somos levados a acreditar que foguete não dá ré. O que é verdade. Ele não da ré, ele explode. É o que temos visto com frequência nas bolsas de valores do Brasil e dos Estados Unidos. São muitas as empresas

......

5 BEHAN, Ana. Harry Markowitz: criador da teoria moderna do portfólio. Investopedia [site]. Atualizado em 02 de agosto de 2024. Disponível em: <www.investopedia.com/terms/h/harrymarkowitz.asp>.
HALLIBURTON, Benjamin. A diversificação é o único almoço grátis. Forbes Book [site]. 20 de outubro de 2019. Disponível em: <books.forbes.com/author-articles/diversification-is-the-only-free-lunch/>.

unicórnios[6] que anunciam abertura de capital valendo bilhões, mas pouco tempo depois assistem ao derretimento de seus papéis, seja porque os resultados não agradam aos acionistas, ou porque foi avaliada acima de seu real valor no momento do IPO.

Alguns exemplos? A Stone (STNE), *fintech* de meio de pagamento fundada em 2012, estreou na Nasdaq em 2018, avaliada em US$9 bilhões. Suas ações eram vendidas a US$32 no seu dia 1, na bolsa, e chegaram a ultrapassar a cotação de US$90. Mas a partir de 2021, a empresa viu o preço de suas ações caírem para menos de US$10 e seu valor de mercado ficar abaixo dos US$3 bilhões. O Nubank (NU) foi para a NYSE em dezembro de 2021, valendo US$ 41,5 bilhões, tornando-se o maior banco da América Latina em valor de mercado. As ações, que estrearam precificadas a US$9, chegaram a valer US$11 e depois entraram em queda. Em setembro de 2022, o papel valia menos de US$5.

Assim como Stone e Nubank nos Estados Unidos, algumas empresas de tecnologia, que fizeram IPO na bolsa brasileira, também viram seu valor de mercado cair pouco depois da estreia na bolsa. A Meliuz (CASH3) é uma delas, ela chegou à bolsa em 2020, com as ações valendo R$1,62, atingiu um pico de R$11,90, em 2021, e desde então entrou em baixa. Em setembro de 2022, o preço de suas ações estava em R$1,32.

Mas não são só as *startups* que passam por isso. Empresas maduras, como o Magazine Luiza (MGLU3), também estão suscetíveis a essa volatilidade do mercado. Durante seu processo de digitalização, o Magalu chegou a ser a ação queridinha da B3, a bolsa de valores brasileira. Os papéis chegaram a passar dos R$27, em 2020. Mas desde então seu valor entrou numa curva descendente, passando a ser vendido a R$4,2, em setembro de 2022. Lá fora, a GE, que foi consagrada como uma das melhores empresas do mundo, liderada por Jack Welch, considerado o CEO do século, foi removida do índice Dow Jones em 2018 e viu o preço de suas ações se desvalorizar 61,99% nos últimos cinco anos, saindo de US$198 para US$72.

Não estou fazendo aqui nenhuma crítica às empresas em si. O que seus fundadores e executivos fizeram é notável. Meu ponto é que o

......

6 Um unicórnio é uma startup que possui avaliação de preço de mercado no valor de mais de 1 bilhão (mil milhões em português europeu) de dólares americanos. O termo foi criado em 2013 por Aileen Lee. Entre alguns exemplos de empresas unicórnio brasileiras estão a Loggi, Nubank, 99, TFG e PagSeguro (<pt.wikipedia.org/wiki/Unic%C3%B3rnio_(startup)>).

investidor médio não tem acesso às mesmas informações e concentrar os investimentos em uma única ação tem uma chance mínima de dar certo. Novamente concordo com o Buffett, o Oráculo de Omaha, quando ele diz que a diversificação é uma ferramenta para quem não sabe o que está fazendo. Faltava-me a humildade para reconhecer que não tinha a mínima ideia de onde estava me metendo. E, para ser honesto, a maioria de nós não também não tem. É por isso que a diversificação faz sentido.

Não venda sua alma

"Confie em mim, Juliano, é um bom negócio. Ninguém está recebendo a taxa que estou te oferecendo", disse meu consultor de investimento. Eu gostaria de pensar que era inteligente o suficiente para não cair nesse argumento cafona e manjado de venda. No entanto, mais tarde percebi que a estratégia era massagear o meu ego. Meu cérebro acabou criando uma ilusão – a **ilusão de validade.** Confiei demais na precisão de meus julgamentos, minhas interpretações, previsões sobre o investimento e acabei me alavancando (endividando) em excesso.

A alavancagem deixou alguns investidores muito ricos e uma massa enorme de falidos. Entretanto, o cemitério dos perdedores é silencioso, o que nos faz olhar muito para as exceções e pouco para as probabilidades. É o **viés do sobrevivente** em sua aplicação máxima.

O QUE FUNCIONA EM UMA PLANILHA, NEM SEMPRE FUNCIONA NO MUNDO REAL.

Depois que resolvi aprender sobre alavancagem, encontrei um estudo que mostrou que os jovens investidores devem usar alavancagem de 2x (ou seja, duas vezes o valor investido) no mercado de ações, porque – estatisticamente – mesmo que você perca todo seu investimento, ainda é provável que obtenha retornos superiores ao longo do tempo, desde que a pessoa se levante e continue investindo depois da perda. Entretanto, no mundo real, ninguém faz isso. Depois de levar uma porrada desse tamanho, você não consegue se levantar e jogar o mesmo jogo. O que funciona em uma planilha, nem sempre funciona no mundo real.

Alavancagem é o diabo. Empurra os riscos rotineiros para algo capaz de produzir ruína. O perigo é que o otimismo irracional na maioria das vezes mascara as chances de subestimar o risco. Os mercados são voláteis, imprevisíveis e passam por crises que não podemos prever, como a crise imobiliária de 2008; a Covid-19 e a guerra na Ucrânia. Algumas empresas têm o preço de sua ação diminuído por deixarem de pagar suas dívidas, por serem sobrevalorizadas no momento do IPO ou por uma mudança da conjuntura de mercado, como o aumento na taxa de juros. Isso é capitalismo, acontece. Mas aquelas com alavancagem podem ir à falência.

Eu deveria ter seguido o conselho da Bíblia: "O rico domina sobre o pobre; quem toma emprestado é escravo de quem empresta". Ou então deveria ter estudado o outro lado de Warren Buffett, que descobri somente após minha derrocada. Segundo ele, a alavancagem é a forma como pessoas espertas fazem coisas imbecis. "Essa é a única maneira de uma pessoa inteligente ir à falência. Se você é inteligente, você não precisa disso; e se você é burro, não deveria estar usando".

A discussão vai muito além de usar alavancagem para investir. Envolve fazer das dívidas um estilo de vida. Queremos mostrar o que não temos e ser quem não somos. O preço das coisas não importa, mas sim, em quantas vezes se divide e se a parcela cabe no bolso. A maioria das pessoas não tem educação financeira suficiente para entender que qualquer tipo de dívida lhe faz mal e só traz benefício ao credor. Comprar usando o limite do cartão de crédito ou até mesmo o "*Buy now, pay later*" (BNPL), mexe com uma de nossas maiores fraquezas cognitivas, o **desconto hiperbólico.** Ele é a tendência que temos em valorizar mais ganhos imediatos do que os futuros. Comprar algo que queremos, enquanto pagamos apenas uma pequena parcela inicial, dá uma sensação gostosa de imediato. Todavia, esses mecanismos nos expõem a dívidas que podem levar a outros problemas. Acredite em mim, aquele "carnezinho gostoso" na verdade é bem amargo. Não podemos viver nossa vida achando que nossos bens materiais vão preencher um buraco existencial. Afinal, como disse Tyler Durden, personagem de Brad Pitt em Clube da Luta, "as coisas que você possui acabam possuindo você".

> **QUEREMOS MOSTRAR O QUE NÃO TEMOS E SER QUEM NÃO SOMOS.**

Sobre meus dias cinzas

Eu sempre tive uma clareza muito grande de onde queria chegar e o que era importante pra mim. Sendo orientado para resultados, isso me ajudou a manter a motivação em momentos difíceis e a alcançar as metas que eu havia traçado.

> **OS QUATRO PILARES QUE DAVAM SUSTENTAÇÃO À MINHA VIDA ERAM A MINHA FÉ, MINHA FAMÍLIA, MINHA CARREIRA E A BUSCA PELA MINHA INDEPENDÊNCIA FINANCEIRA.**

Os quatro pilares que davam sustentação à minha vida eram a minha fé, minha família, minha carreira e a busca pela minha independência financeira. Eu tinha um projeto de vida. Com as perdas das minhas economias, tive que aceitar que as circunstâncias haviam mudado. **A minha realidade era bem diferente da expectativa que eu havia criado.** E essa era a principal causa da minha depressão.

Ter foco e determinação funcionou quando as coisas estavam indo bem. Enquanto eu lutava contra a depressão, nada disso importava. Não ligava para carreira, elogios, punições, nada. Eu não me importava com a vida. Minha luta diária era sair da cama para trabalhar apenas para sustentar minha família.

A depressão deixa tudo cinza, como os dias de inverno em Chicago. O que há de mais cruel na depressão é que ela é uma doença invisível e nos consome por dentro. Se eu tivesse um braço quebrado, todos ficariam curiosos sobre o que aconteceu. Eu não teria vergonha de contar a história de como quebrei. Algumas pessoas seriam solidárias, outras fariam piadas e assinariam meu gesso. No final, poderia até ser uma coisa boa porque eu teria atenção e sentiria que as pessoas se importariam. A diferença mais significativa entre um braço e um cérebro quebrado é que o braço tem um tempo previsível para a cura. Se você tomar o remédio para dor e usar o gesso seguindo ordens médicas, depois de um tempo, estará bem.

Já a depressão é imprevisível e ainda carrega uma sombra de vergonha. Não queremos falar sobre isso porque a razão pela qual estamos deprimidos nos machuca. Na maioria das vezes, ela está associada a um fracasso, a uma parte de nós que não queremos que ninguém saiba. A depressão é frequentemente associada a uma falha de caráter e fraqueza. Esses são segredos que não queremos que ninguém descubra. Quase ninguém gosta de compartilhar as dores de passar por um divórcio, ser demitido, ser abandonado por uma namorada, assumir que seu filho é viciado em drogas, sofrer *bullying*, perder todo o seu dinheiro ou ter pensamentos suicidas.

Mesmo que possamos nos abrir com alguém, é muito complicado expor a vulnerabilidade. Ouvir frases como “vai passar”, “você tem que ser forte", "não se preocupe com isso", "levanta e sacode a poeira", ou, a pior de todas, "pelo menos não é câncer" não ajuda. Durante aqueles dias sombrios, às vezes eu desejava ter câncer. Pelo menos as pessoas seriam solidárias com isso. Porque elas não gostam ou não sabem como apoiar quem luta contra a depressão. Elas tendem a desconsiderá-la, tornar as coisas relativas ou apenas tentar motivar.

Para quem não sabe o que dizer, o melhor a fazer é ouvir. Olhar o outro nos olhos e dizer "sinto muito por ouvir isso, eu não sei o que dizer, mas eu quero que saiba que estou aqui para o que precisar". Eu gostaria de ter ouvido isso quando estava deprimido. Teria tornado a luta menos solitária. Citando Carl Jung[7], "a solidão não vem de não ter pessoas ao seu redor, mas de ser incapaz de comunicar as coisas que lhe parecem importantes".

Naquele momento, eu estava vivendo no passado, com profundo arrependimento por minhas açoes. Pude imaginar um diálogo com meu eu ingênuo e sonhador de oito anos, que um dia pensou que poderia ser empresário ou escritor. Ele me disse: "Foi por isso que você desistiu dos seus sonhos? Só para desperdiçar seu tempo e perder tudo?". Ou minha versão adolescente assustada: "Você viu o que aconteceu com o papai, por que fez a mesma coisa?". E meu eu jovem adulto faminto e ambicioso: "Você trabalhou tanto para se tornar um milionário e agora ficou sem nada?".

Pensando mais à frente, eu via meus filhos não irem para uma ótima faculdade e me culpando por perder o dinheiro deles. Ou meu casamento não resistindo às discussões e às brigas. Meus eus do passado não estavam orgulhosos do que eu tinha feito.

Viver em arrependimento é exaustivo. Eu estava cansado desse ciclo, com os mesmos pensamentos borbulhando na minha cabeça todos os dias. Entendi que a única saída desse universo paralelo era abraçar a dor, superar meus arrependimentos, assumir a responsabilidade pelos meus atos e encontrar uma forma de voltar a um lugar onde eu pudesse pelo menos me aguentar.

Com ajuda de terapia, comecei a mergulhar em conversas desagradáveis comigo mesmo para entender minha relação com o dinheiro e seus efeitos na minha saúde mental e bem-estar. Comecei a fazer anotações em meu diário e catalogar as lições aprendidas. Eu não tinha como voltar no tempo e mudar o rumo da minha história, mas podia

....

7 JUNG, Carl. **Memórias, sonhos, reflexões**. Editora: Nova Fronteira; Nova Edição (16 julho 2017).

> **VOCÊ NÃO PODE DEIXAR QUE SEUS FRACASSOS TE DEFINAM. VOCÊ PRECISA DEIXÁ-LOS TE ENSINAR. ELES PRECISAM TE MOSTRAR O QUE FAZER DE DIFERENTE NA PRÓXIMA VEZ.**

aprender com meus erros e crescer com eles. Você não pode deixar que seus fracassos te definam. Você precisa deixá-los te ensinar. Eles precisam te mostrar o que fazer de diferente na próxima vez.

Sendo um cara que gosta de racionalizar tudo, eu não poderia deixar de buscar os motivos que me levaram a cometer erros tão grandes. Eu precisei colocar em uma planilha cada um dos meus passos durante esse processo. Isso me ajudou a reconhecer os tropeços e também me mostrou que muitos fatores não estavam sob meu controle. Quando descobri isso, consegui ser um pouco mais compreensivo comigo e, de certa forma, me perdoar.

Ao contrário do que eu pensava, **a vida não era linear.** Minha convicção anterior, de que se eu fizesse bem a minha parte, seria recompensado, caiu por terra. Eu trabalhava duro, atingia minhas metas e era recompensado. Tudo estava correlacionado. Mas acabei descobrindo que é possível trabalhar duro e não conseguir o resultado desejado. O imponderável também precisa ser considerado. **Descobri que a máxima que diz que tudo depende 100% de nós, simplesmente não é verdade.** Muito do seu sucesso ou do seu fracasso não e culpa sua.

Entendendo a impermanência

Vivemos numa sociedade onde o status é vangloriado e a vida é instagramável. Mostramos nossa melhor face e contamos apenas as vitórias. Nos negócios ou na vida pessoal, temos que ser sempre ascendente. Mas medir o próprio valor baseado no sucesso material é uma receita para a infelicidade. Sempre haverá alguém com um carro mais bonito, uma casa maior, com a grama mais verde.

Eu não acredito que eu seja o único que fantasiou que a felicidade poderia ser alcançada se eu conseguisse "só mais isso ou aquilo", mas após a minha queda, vi que tudo muda o tempo todo e entendi que quanto mais ciente eu estiver sobre isso, mais vou poder aproveitar os bons momentos e saber que os maus vão ter um fim. É assim que se convive com a impermanência.

Nossa capacidade de valorizar as coisas é impulsionada pela escassez. Imagine que há um restaurante na cidade que você gosta muito, mas é supercaro, então você consegue frequentá-lo uma vez por trimestre. Sempre que vai, pede seu filé favorito. Suculento, macio, preparado à perfeição, ele derrete na boca. Ao terminar a refeição, você estará ansioso para voltar ao restaurante. Mas eis que um dia, o chef decide te oferecer esse prato gratuitamente por um mês. Ao saber da vantagem, você fica em êxtase, mas depois de uma semana comendo a mesma coisa, não sentirá o mesmo prazer ao saborear o prato. E, se você aguentar as quatro semanas, no final você vai querer comer peixe, macarrão ou salada. Qualquer coisa que seja diferente daquele filé.

NOSSA CAPACIDADE DE VALORIZAR AS COISAS É IMPULSIONADA PELA ESCASSEZ.

Temos a tendência a sempre querer o que não temos ou o que está mais distante. Mas quando estamos cientes do funcionamento da nossa mente, somos mais capazes de contornar seus efeitos negativos. Neste meu processo de recuperação, criei algumas regras que me ajudam a não cair em tal armadilha:

Em vez de "O que eu quero?", passei a perguntar "por que eu quero?". Isso me trouxe clareza do propósito. Seja qual for o seu motivo, saber o porquê ajuda a superar os obstáculos.

EM VEZ DE "O QUE EU QUERO?", PASSEI A PERGUNTAR "POR QUE EU QUERO?".

Parei de subir a barra. Se você atinge um objetivo e imediatamente já estabelece uma nova meta, cuidado. Isso é contraintuitivo e quase impraticável em nossa sociedade ocidental. Não estou dizendo para se contentar com pouco e não buscar evoluir, mas lembre-se de comemorar e valorizar as conquistas ao longo do caminho. O risco de querer sempre mais é acabar assumindo riscos maiores para recuperar o atraso ou ser pobre a vida toda.

Expectativas irreais seguramente levam à miséria, por duas razões. Uma é que o mundo é um lugar frágil, volátil e complicado, e a única maneira de evitar a decepção é esperar pelos piores dias. A segunda é que o progresso nos leva a querer sempre subir um degrau a mais sem valorizar as conquistas. Portanto, a única maneira de aproveitar o mundo moderno é se suas expectativas forem mais lentas que seu progresso.

Como disse o Charlie Munger[8], parceiro de Buffett e vice-presidente do Berkshire Hathaway, quando questionado sobre seu segredo para se viver uma vida feliz: "A primeira regra é a baixa expectativa. Se você espera muito, você vai ser infeliz a vida toda. Mas se espera sem grandes ambições, vai encarar os resultados da vida, bons e ruins, com um certo grau de estoicismo".

Aceitei que podia ser mediano. Tenho certeza de que se eu colocar dez pessoas em uma sala e perguntar quem se considera acima da média, umas sete ou oito levantarão a mão, o que vai contra o princípio matemático da média. Eu também era assim. Sempre me esforcei para ser o melhor que eu poderia ser em tudo que fazia. Eu era tão competitivo que odiava perder mesmo jogando par ou ímpar. Quando eu ia correr, costumava passar muito tempo comparando meu ritmo com outras pessoas, e ficava chateado com meu desempenho ruim, mesmo sabendo que eles estavam em melhor forma porque, provavelmente, passavam mais tempo treinando.

Eu tive que mudar de ideia e redimensionar meus sonhos e minha visão sobre mim mesmo. Essa foi outra mudança de paradigma. Hoje, faço longos passeios de bicicleta e me preocupo mais em apreciar a vista do que com minha performance. Entendi que às vezes a vida é um *sprint*, outras é uma maratona. Outras, ainda é apenas tempo de descanso. Não estamos em uma competição 100% do tempo. Há uma certa sabedoria em saber parar e dizer: "chega, até aqui foi bom o suficiente".

Entendi que é uma habilidade aceitar que tudo não esteja 100% conforme o planejado e comemorar as pequenas vitórias. Qualquer melhoria que surja parecerá incrível. Baixas expectativas não te jogam pra baixo – pelo contrário, tornam pequenos ganhos em motivos pra comemoração, enquanto as más notícias parecem normais. Aprendi com o Charlie Munger que "não é necessário fazer coisas extraordinárias para obter resultados extraordinários, você só precisa ser um pouco melhor que a média por muito tempo".

Entendi que precisava avaliar meu preparo. Quando se trata de dinheiro, nossa mente nos prega diversos truques e um deles é uma admiração excessiva por pessoas que estiveram lá, fizeram acontecer e, de certa forma, "venceram". Passar por alguns eventos específicos não me qualificava

8 Site para consulta: <collabfund.com/blog/low-expectations/>.

para saber o que aconteceria a seguir. Pelo contrário, apenas me levou a ter um excesso de confiança em minhas habilidades proféticas.

Precisei de muita humildade e autoconhecimento para reconhecer que estava jogando na liga errada. Só depois de perder eu me dei conta de que não tinha condições de jogar o mesmo campeonato que eles. E tudo bem. Eu descobri que posso ser um bom competidor, mas em outro campo. Estar na liga errada só fazia com que eu me sentisse mal porque não ia conseguir performar como eles.

Passei a buscar motivação da pele pra dentro. Parei de buscar elogios externos para seguir em frente. Eu sempre pensei que nunca tinha o suficiente, nunca era bom o suficiente. E tive que perder tudo para entender que a escassez não tinha nada a ver com o número da minha conta bancária. A escassez era uma mentalidade.

PASSEI A BUSCAR MOTIVAÇÃO DA PELE PRA DENTRO.

Escolhi meus valores. Se você os definir com base em eventos externos, como bens materiais, prepare-se para correr na esteira hedônica para sempre. Por outro lado, se você tiver bons valores, terá mais chances de suportar o sofrimento momentâneo, caso algo ruim aconteça. Aprendi que minha família e meus verdadeiros amigos são inestimáveis. Eles me salvaram.

Durante toda minha carreira, meu pêndulo esteve mais voltado para o lado profissional. Não que não tenha curtido muito minha família, mas hoje entendo que poderia ter equilibrado melhor os dois pratos. Viajei bastante, fiquei muito fora de casa, perdi alguns momentos por não estar presente, mas sei que foi uma escolha. Vários executivos que estão na posição em que eu estava também tiveram que fazer o mesmo.

No mundo real, quem realmente quer crescer na carreira tem que topar sacrifícios como abrir mão do convívio com a família em alguns momentos. O grande aprendizado é entender que não precisamos estar 100% do tempo na pressão e nem 100% do tempo focados na vida pessoal. A vida é feita de ciclos, haverá temporadas de trabalho mais intenso e outras mais dedicadas à família. O importante é estar inteiro, de corpo e mente, em cada um deles. E, não importa o que aconteça, nunca comprometa os seus valores.

Tive sorte de não pular na frente do trem

Quando estava no olho do furacão, li um artigo[9] sobre um garoto de vinte anos, Alexander E. Kearns, da Universidade de Nebraska, que cometeu suicídio depois de ver um saldo negativo de US$730 mil em sua conta no Robinhood, aplicativo disponível nos Estados Unidos, que funciona como uma corretora para investimentos na bolsa e atraiu muitos leigos para o mercado financeiro americano, especialmente os jovens. Esse pobre rapaz estava brincando com fogo, ou seja, negociando opções como se estivesse jogando *Candy Crush*. Quando o mercado balançou amplamente com a chegada da Covid-19, ele acordou um dia e viu que sua conta tinha um saldo negativo de US$730.165. Ele não suportou nem a dor nem as consequências que isso poderia ter em seu futuro e acabou tirando a própria vida, deixando para trás a seguinte pergunta em um bilhete: "Como um jovem de 20 anos sem renda conseguiu quase um milhão de dólares de alavancagem?".

Essa triste notícia me tocou profundamente, pois eu mesmo estava passando por uma batalha semelhante, e me fez perceber duas coisas: que minha dor e minha vergonha não eram singulares nem especiais, e que tive muita sorte de estar cercado pelo amor da minha família. Tive sorte de não pular na frente daquele trem, de não acabar como Alexander e ter a chance de viver uma segunda vida com uma perspectiva diferente.

> **"ENTENDI QUE O LEGADO QUE PODERIA DEIXAR PARA MEUS FILHOS NÃO ERA O DINHEIRO, MAS A RESILIÊNCIA, A INSPIRAÇÃO E O CARÁTER."**

Eu aprendi que poderia viver com menos do que eu achava que precisava. Isso testou meu casamento e reforçou meu compromisso com ele. Atravessar a estrada para o inferno de mãos dadas com Renata tornou nosso relacionamento muito mais forte. Revisitei meus valores, reforcei os mais importantes, incorporei novos e larguei os que não me serviam mais.

....

9 GARA, Antoine. **Cliente de Robinhood de 20 anos morre por suicídio após ver um saldo negativo de $ 730.000.** Forbes (site)17 de junho de 2020, 10:55 da manhã EDT. Disponível: <www.forbes.com/sites/sergeiklebnikov/2020/06/17/20-year-old-robinhood-customer-dies-by-suicide-after-seeing-a-730000-negative-balance/?sh=349f0d1d1638>.

Entendi que o legado que poderia deixar para meus filhos não era o dinheiro, mas a resiliência, a inspiração e o caráter.

Superar momentos assim não é fácil, tanto que, segundo o IBGE, 57% dos divórcios que aconteceram no Brasil na última década foram motivados por problemas financeiros. Nos Estados Unidos[10], problemas financeiros são a segunda maior causa de divórcio, com 41%, apenas atrás de infidelidade conjugal.

Algumas das consequências mais comuns de grandes perdas financeiras envolvem a saúde mental. Um estudo[11] com pessoas que perderam suas economias de aposentadoria por fraude bancária encontrou números elevados de depressão, ansiedade e aumento do uso de ansiolíticos. Outro[12], mais recente, sobre "depressão de recessão", acompanhou cerca de dez mil americanos com mais de cinquenta anos de idade na época do crash da bolsa de 2008. Nos últimos três meses daquele ano, as contas de aposentadoria perderam, em média, um terço de seu valor. Os entrevistados do estudo, que tinham dinheiro aplicado e sofreram perdas financeiras, tiveram mais depressão (e uso de medicamentos para esse fim) do que as pessoas com mesmo perfil que não foram afetados pela crise daquele ano.

Outra pesquisa[13] da Universidade de Oxford, também constatou que problemas financeiros e de moradia aumentam o risco de suicídio, especialmente em países com mercado de trabalho mais fraco. Os homens são os mais afetados. No caso dos mais jovens, as mortes estão mais relacionadas à perda de imóveis e dívidas. Já para os mais velhos, a principal razao é o desemprego de longa duração. Segundo o estudo, durante a

10 WARREN, Shellie R. **Razões para o divórcio:** 10 principais razões pelas quais os casamentos fracassam. Marriag.com (site). Atualizado: 23 de abril de 2024. Disponível em: <www.marriage.com/advice/divorce/10-most-common-reasons-for-divorce/>.

11 Ganzini I, McFarland BH, Cutler D. **Prevalence of mental disorders after catastrophic financial loss.** J Nerv Ment Dis. 1990 Nov;178(11):680-5. doi: 10.1097/00005053-199011000-00002. PMID: 2230754. Disponível em: <pubmed.ncbi.nlm.nih.gov/2230754/>.

12 McInerney M, Mellor JM, Nicholas LH. **Recession depression:** mental health effects of the 2008 stock market crash. J Health Econ. 2013 Dec;32(6):1090-104. doi: 10.1016/j.jhealeco.2013.09.002. Epub 2013 Sep 13. PMID: 24113241; PMCID: PMC3874451. Disponível em: <pmc.ncbi.nlm.nih.gov/articles/PMC3874451/>.

13 Corcoran P, Griffin E, Arensman E, Fitzgerald AP, Perry IJ. **Impact of the economic recession and subsequent austerity on suicide and self-harm in Ireland**: An interrupted time series analysis. Int J Epidemiol. 2015 Jun;44(3):969-77. Disponível em: <pubmed.ncbi.nlm.nih.gov/26082406/>.

recessão, entre 2008 e 2012, houve um aumento de 57% no suicídio de homens, na Irlanda.

Tive sorte de não virar estatística. Todo o processo abriu meus olhos para meus verdadeiros amigos e me aproximou de pessoas que estavam realmente dispostas a me ajudar. Eles me fizeram ver que eu ainda era a mesma pessoa. Não importava o que acontecesse com minha conta bancária, o que importava para eles era meu senso de humor ácido, minhas piadas irônicas e estar próximo para jogar cartas, andar de bicicleta, tomar uma cerveja, fazer um bom churrasco ou apenas ouvir. Francis Bacon[14] tinha razão, **a amizade multiplica a alegria e divide a dor.**

Não perco mais a oportunidade de dizer às pessoas o quanto gosto delas. Agradeço ao meu colega por me ajudar com uma apresentação. Aos meus amigos por me esperarem quando saímos de bicicleta e fico para trás porque estou fora de forma. À minha esposa por preparar o jantar. Abraço meus filhos com força e digo que os amo todos os dias, a ponto de eles me pedirem para parar.

Não vou ser hipócrita e dizer que perder minhas economias da vida foi a melhor coisa que já me aconteceu. Perder tudo realmente foi uma droga, mas faz parte da minha história e nunca poderei esquecê-la ou excluí-la. Talvez um dia, eu aprenda a conviver com isso.

"TENHO MAIS ORGULHO DO QUE SUPEREI DO QUE DAS MINHAS CONQUISTAS."

Sei que se eu for capaz de enfrentar minhas lutas, tornar-me mais resiliente, viver minhas histórias e encontrar as pessoas certas para compartilhá-las, eventualmente ficarei bem. Hoje, tenho mais orgulho do que superei do que das minhas conquistas.

[14] ENSAIOS DE FRANCIS BACON - TEXTOS fILOSÓFICOS. Paperback - January 1, 2007. Editora Vozes; Literatura Brasileira edition (January 1, 2007).

PONTOS DE AÇÃO

- ☑ **Abrace a Jornada de Aprendizado:** Independentemente das adversidades enfrentadas, esteja aberto a aprender com cada experiência. Veja os erros como oportunidades de crescimento.
- ☑ **Desenvolva Resiliência Emocional:** Pratique a resiliência emocional através de atividades como meditação, escrita em diário e técnicas de respiração. Esses métodos podem ajudar a lidar com situações estressantes e prevenir a depressão.
- ☑ **Estabeleça um Fundo de Emergência:** Tenha sempre um fundo de emergência para cobrir desastres imprevistos. Isso pode proporcionar uma sensação de segurança e estabilidade financeira.
- ☑ **Buscar Diversificação:** Considere diversificar sua carteira de investimentos para reduzir riscos e proteger seu patrimônio.
- ☑ **Evite Decisões Impulsivas:** Antes de tomar decisões financeiras, avalie cuidadosamente os riscos e certifique-se de que está agindo com base em informações completas e racionais, não em impulsos emocionais.
- ☑ **Converse Sobre Dinheiro:** Quebre o tabu e converse abertamente sobre dinheiro com sua família e amigos. Discutir finanças pode ajudar a desmistificar o tema e promover uma relação mais saudável com o dinheiro.

PARA REFLETIR

1. **O que você pode aprender com os erros que cometeu no passado?**

2. **Como você pode desenvolver resiliência emocional para enfrentar adversidades futuras?**

3. **Quais são as suas motivações reais ao tomar decisões financeiras importantes? Elas são racionais ou emocionais?**

RECONSTRUÇÃO

»»

"Tudo pode ser tirado de uma pessoa, exceto uma coisa: a liberdade de escolher sua atitude em qualquer circunstância da vida".

Viktor E. Frankl

07

Nos meus piores dias, uma das recomendações que recebi para sair da crise era escrever em um diário o quanto eu era grato por minha vida. Mas fazer isso enquanto eu pensava em me matar não parecia genuíno. Ao usar esse argumento com o padre Mark, que comandava a igreja que frequentávamos, ele fez uma sugestão que mudou minha perspectiva.

— Por que não se oferece como voluntário em nosso abrigo para sem-tetos? Talvez isso o ajude a mudar a visão sobre a vida.

Eu não estava superempolgado no começo. Eu já tinha meus próprios problemas, não sentia vontade de tratar de questões alheias. Mas Renata e eu decidimos fazer assim mesmo. Nos juntamos ao grupo da igreja que servia refeições para pessoas em situação de rua.

Trabalhávamos na hora do jantar, quando as pessoas voltavam das ruas para comer, tomar um banho e depois dormir no abrigo. Nossa equipe era responsável pelo "dia chinês", quando era servido lámen, arroz frito, legumes e rolinhos primavera. O cardápio era um sucesso. Para alguns, essa era a única refeição decente do dia.

Durante o inverno o espaço ficava superlotado. As pessoas procuravam um lugar quente para não morrer de frio nas ruas de Chicago. Alguns dias, havia pessoas dormindo até no chão do restaurante. Elas ficavam bem próximas umas das outras para deixar o chão um pouco mais quente.

Como não sou muito tagarela, deixava a Renata falar e ficava ouvindo as histórias. Ao contrário do que muitos pensam, nem todos os sem-teto são preguiçosos ou viciados em drogas. Os que conhecíamos tinham que procurar emprego durante o dia. Era um pré-requisito para conseguir a hospedagem. Algumas pessoas haviam perdido membros da família e não tinham para onde ir, outras tinham um emprego, mas não podiam pagar aluguel, então trabalhavam durante o dia e dormiam lá à noite.

Durante o verão, o grupo da igreja decidiu mudar o cardápio e servir hambúrguer e cachorro-quente. Em um dos dias que eu estava montando o sanduíche, uma senhora com a bandeja na mão começou a reclamar.

— Você não sabe fazer hambúrguer? Isso está parecendo um pedaço de carvão. Eu quero um grande, gordo e suculento.

Eu ofereci a ela outros hambúrgueres, mas não estavam muito diferentes. Como ela havia chegado tarde, não tinha muitas opções. Frustrada, ela gritou.

— Eu não vou comer essa porcaria.

Deixou o hambúrguer de lado, pegou um cachorro-quente e seguiu em frente.

Aquela situação realmente me incomodou. Minha primeira reação foi pensar "Por que ela está reclamando? Ela está sendo alimentada e deveria ser grata". Olhei para Renata, que tinha presenciado tudo e disse:

— Você viu isso? Inacreditável. Ela acha que eu sou o serviçal dela ou algo assim?

Renata sorriu e respondeu:

— Não é por isso que estamos aqui, para servir?

Renata estava certa. Sua resposta foi como uma explosão em minha mente, me fez pensar sobre tudo o que eu estava vivendo. Foi um passo importante para eu retomar minha vida e me reconstruir. Entendi que precisava olhar para a situação de outra maneira para conseguir me reerguer.

Depois que perdi minhas economias e estava lutando contra a depressão, passei muitos dias tentando responder a uma única pergunta: "por que isso aconteceu *comigo*?". Nunca encontrei a resposta e duvido que algum dia encontrarei. Com o tempo percebi que fazer essa pergunta era inútil. Merdas acontecem. É tão simples quanto isso. Não importa quem você é, sua religião, sua raça, sua nacionalidade ou seu lugar no *ranking* da Forbes. Em algum momento, talvez em muitos momentos, a Deusa Fortuna vai puxar seu tapete. Pode ser a morte de um ente querido, um divórcio, a perda de um emprego, uma aventura de negócios fracassada ou, no meu caso, uma enorme perda financeira que me fez questionar minhas crenças e meu valor como ser humano.

Perguntar "por que comigo" era uma forma de desviar da minha responsabilidade. Era como se alguém tivesse feito algo terrível comigo e eu não pudesse fazer nada para evitar ou para sair do buraco. Ao não assumir a responsabilidade, ou assumimos o papel de vítima, sentindo autopiedade, ou mergulhamos num profundo arrependimento e autoaversão.

Eu me incluo nessa descrição. Esses sentimentos foram desencadeados por fatores externos, principalmente relacionados ao dinheiro. Situações que em outra circunstância eu teria tratado pragmaticamente, de repente se tornaram uma fonte de dor. Quando Lucas pedia um computador novo ou a Bia perguntava por que não iríamos ao Brasil para visitar a vovó e o vovô no Natal, eu me sentia um perdedor, um pai horrível.

Alguns dias eu culpava o banco por me vender um empréstimo não compatível com meu perfil de investidor e por não ter me alertado sobre os riscos. Culpava a gestão da empresa por não fazer bem seu trabalho e tomar atalhos. Eu culpava o Conselho por colocar aqueles executivos na liderança do negócio e o mercado de ações por não me dar os resultados que eu queria. Todos eram responsáveis pelo meu sofrimento.

Também culpei a Deus. Levantando meu punho e batendo no ar, perguntei por que Ele havia feito isso comigo. Por muitos dias eu olhei para o céu e perguntei se Ele estava me punindo por ser ganancioso. Pela primeira vez na minha vida, duvidei da Sua existência. Olhei para todas as injustiças do mundo e pensei que tipo de Deus deixaria seu povo passar por sofrimentos como fome, doenças, desemprego, depressão e desastres naturais.

Em outros momentos, eu descarregava sobre mim mesmo arrependimento e ódio. Durante muitas noites sem dormir, chorando em posição fetal, eu dizia a mim mesmo: "Como você pôde? O que diabos você estava pensando? Você perdeu todo o dinheiro da família. Você é um tremendo idiota".

Meus diabinhos mentais sussurravam no meu ouvido e aumentavam minha vergonha e meu ressentimento. Logo percebi que não adiantava culpar ninguém pela minha situação. Eu era o único responsável por me tirar dali. Foi aí que comecei a me perguntar se havia uma mensagem escondida no meu erro. Minha dor valeria a pena? Haveria uma fresta de esperança no sofrimento? O que eu poderia aprender com isso? Essas perguntas eram muito doloridas quando minhas feridas eram recentes. No entanto, quando pude refletir sobre elas honestamente, foi um sinal de que estava a caminho de superar o trauma.

Compreendi o valor da luta pela qual estava passando. Eu tive que deixar para trás meu modo de pensar apoiado no "se" e no "quando": ficarei feliz "quando" conseguir uma nova promoção ou "se" eu ganhar tal quantia de dinheiro. Ou ainda, "vou me dedicar aos meus sonhos, quando meus filhos forem para a faculdade".

A vida está no presente, mas vivê-la desse modo é difícil, especialmente quando ele está ruim. É muito mais fácil reproduzir cenas do passado e projetar um resultado diferente. Ou sonhar acordado com o futuro e visualizar o mar de rosas que sua vida será um dia. Queremos as rosas, mas não os espinhos. Se não há luta, não estamos aprendendo nada.

A primeira coisa que tive que fazer para viver no presente foi assumir minha perda e me aceitar com todos os meus erros e falhas. Eu tive que encarar que minhas circunstâncias haviam mudado. Segundo Viktor Frankl, psicólogo austríaco, sobrevivente do holocausto e fundador da logoterapia, o homem se move e é motivado por uma busca de sentido, ou seja, o homem deseja encontrar um sentido para cada situação, para então realizá-lo, e eu havia perdido meu norte.

Isso me deu um vazio e, para mim, só havia uma maneira de preencher o vácuo existencial: rezando. Por mais estúpido que pareça, percebi que minha dor não era diferente do amigo fazendeiro de meu pai, que perdeu suas colheitas pelo mau tempo. Ou de alguém que teve a casa destruída por um tornado. Ou ainda outro que foi despedido depois de 25 anos porque ficou "muito caro" para a empresa. Em vez de culpar a Deus pelo meu infortúnio, tentei me aproximar e pedir forças para seguir em frente. Eu rezei para que Ele me desse a resiliência para ficar de pé depois do golpe. Agradeci todos os dias pela oportunidade de aprender com meus erros e estar vivo para tentar fazer diferente. Experimentei o óbvio: o tempo de Deus não é exatamente o meu tempo. Mas para alguém que planejou sua vida inteira e queria controlar cada passo, confiar no tempo Dele era uma habilidade difícil de praticar.

Novo destino: Dallas

Ainda acredito que temos que trabalhar duro para conquistar nossos sonhos, mas agora procuro os sinais. Por exemplo, depois de quase três anos morando em Chicago, Renata e eu decidimos nos mudar. Já estávamos acostumados a mudar de cidade por causa das realocações da empresa, mas foi a primeira vez que escolhemos para onde ir. Estávamos cansados do clima frio e dos dias cinzas. Além disso, pensamos que deixar Chicago ajudaria em nosso processo de cura, mesmo sabendo que a decisão não resolveria todos os nossos problemas. No entanto, ter alguma distância da cena do crime nos ajudaria a seguir em frente.

Escolhemos o subúrbio de Dallas, no estado do Texas. A escolha pelo Texas passou pela análise de uma série de critérios sobre o que estávamos buscando para a nova fase da nossa vida. Em primeiro lugar, queríamos sair do frio de Chicago e morar em algum lugar com o clima mais parecido com o do Brasil. Em segundo lugar, o Texas é um dos poucos estados norte-americanos que não cobra imposto de renda estadual.

Aliado com um menor custo de vida, essa arbitragem geográfica ajudou a reequilibrar as contas dado o novo cenário que vivíamos. Por fim, levamos em consideração a robustez da economia do estado. O Texas é a segunda maior economia dos EUA, com um PIB de cerca de US$2 trilhões, atrás apenas da Califórnia.

Se o Texas fosse um país independente, ele estaria entre os dez maiores do mundo, rivalizando com países como Canadá, Brasil e Coreia do Sul. O estado abriga um grande número de empresas da Fortune 500, destacando-se como um dos principais centros de negócios do país. O crescimento econômico do Texas nos últimos anos tem sido notável, impulsionado por setores como tecnologia, energia, saúde e transporte. Esse dinamismo econômico atraiu uma população diversificada e talentosa, contribuindo para um ambiente vibrante e inovador.

No entanto, todo esse crescimento econômico e populacional acabou causando uma pressão no mercado imobiliário. Decidimos fazer nossa mudança em janeiro de 2021, em plena pandemia da Covid-19. Parecia que o mundo inteiro havia tido a mesma ideia e o mercado imobiliário enlouqueceu. Fomos a várias casas onde havia quatro ou cinco famílias visitando ao mesmo tempo. Alguns lugares que olhamos de manhã foram vendidos à tarde. As pessoas estavam pagando de 10 a 20% acima do preço pedido. Algumas ofertas em dinheiro.

No final do dia, Renata voltava para o hotel e chorava. "Nunca encontraremos nada aqui. Teremos que voltar para Chicago". Após três dias sem encontrar nada que gostássemos para ser nossa nova casa, estávamos prestes a desistir. Cansado e frustrado, eu lutava para manter o ânimo e lidar com o choro de Renata e as queixas das crianças. Eles não queriam se mudar de novo e não estavam nada felizes. Então decidi tentar mais um dia. Se não encontrasse nada, ficaria em Chicago.

Naquela noite, fechei os olhos e rezei com todo o meu coração e alma. Não pedi a Deus que encontrasse uma casa. Pedi um sinal. Se minha família e eu devêssemos fazer a mudança, que Ele nos mostrasse um caminho. Caso contrário, fechasse as portas e eu respeitaria sua decisão.

Mas eu não sentei e esperei a casa cair no meu colo. Eu vasculhei em toda a internet, procurando pela milionésima vez, esperando que algo novo surgisse. E então apareceu. Uma casa novinha em folha, na localização e preço que eu poderia comprar. Liguei para minha corretora de imóveis e pedi que marcasse uma visita. Ela me disse que a casa já estava vendida e que o sistema não estava atualizado. Eu disse a ela que não me importava. Estava disponível e eu queria visitá-la.

De manhã cedo fomos para a casa e, quando lá chegamos, a corretora disse que o comprador teve problema para obter o crédito e a venda havia sido cancelada. A casa estava disponível e nós éramos os primeiros a vê-la. Isso era tudo que eu havia pedido: um sinal. Para completar, a minha hipoteca foi aprovada. Foi assim que encontramos nosso novo lar. Agradeci.

Quando o diário ganhou sentido

Em um nível racional, eu sempre soube que era abençoado. Faço parte dos 6,7% da população mundial que possui diploma universitário. Meus pais ainda estão vivos, minha esposa e eu seguimos casados tendo sobrevivido à tempestade, nossos dois filhos são lindos, saudáveis e inteligentes e consegui fazer uma carreira internacional.

Infelizmente, a mente humana é uma máquina complicada e naturalmente enfatiza demais o negativo, o que causa muita dor. Porém, essa dor tem um remédio: a gratidão. Ela nos deixa mais felizes; aumenta nosso bem-estar psicológico; torna nossas emoções positivas; melhora a nossa autoestima e mantém os pensamentos suicidas afastados.

De acordo com um estudo da Universidade de Harvard[1], "A gratidão é uma maneira de apreciar o que temos em vez de sempre buscar algo novo na esperança que nos faça mais felizes. Focamos no que temos e não no que falta. E, embora possa parecer artificial no início, esse estado mental fica mais forte com a prática". Não importava o que ou quanto eu havia perdido, eu ainda tinha muito a agradecer.

Quando entendi isso, escrever em um diário de gratidão não parecia mais falso; tornou-se um hábito. Minhas orações agradecendo a Deus por ter comida no prato e uma cama para dormir vieram do coração. Comecei a contar minhas bênçãos.

Criei o hábito de agradecer todos os dias, mesmo quando não estava com vontade. Mesmo nos dias difíceis, aqueles que pareciam não valer a pena viver, fiz um esforço para me lembrar de ser grato. Fui capaz de olhar para trás e respeitar o caminho que me trouxe até aqui. Consegui realizar muitos dos meus sonhos. Construí uma família da qual me orgulho muito; tive a oportunidade de morar no exterior; tive ótimas experiências; conheci pessoas maravilhosas; e tinha um emprego.

Olhando bem para minha vida, não podia deixar de ser grato às empresas em que trabalhei. Como tudo na vida, a experiência teve seus altos e baixos, mas tenho certeza de que não estaria onde estou se não fosse a oportunidade de trabalhar para as empresas do 3G. Essa cultura me forjou. Tive a oportunidade de assumir cargos de liderança ainda jovem. Eu fui mais esticado e desenvolvido do que seria em outro lugar. Eu pude

....

1 HARVARD HEALTH PUBLISHING. Harvard Medical School. **Agradecer pode te deixar mais feliz.** 14 de agosto de 2021. Disponível em: <www.health.harvard.edu/healthbeat/giving-thanks-can-make-you-happier>.

trabalhar em diferentes países e aprender diferentes culturas e sonhar grande. Também aprendi a sempre ter um desejo de crescer, de aprender e de me desafiar. E, mais importante, tive a oportunidade de trabalhar com algumas das pessoas mais inteligentes que já conheci.

Agradeci até por ter vivido uma vida frugal, mesmo depois de ganhar algum dinheiro. Se eu tivesse um estilo de vida luxuoso, teria sido muito mais difícil para minha família se adaptar. Como não mudamos nosso padrão, conseguimos manter o estilo de vida. Claro que tivemos que abrir mão de viagens de férias e de alguns passeios e jantares em família, mas meus filhos não se sentiam como se tivessem perdido tudo. Espero ter conseguido evitar esse trauma a eles.

Depois da gratidão, o perdão e a empatia

Depois de muitas sessões de meditação e terapia, também entendi que precisava perdoar para cortar meu apego emocional ao que tinha acontecido. Não foi uma tarefa fácil. Assim como comer bem, fazer exercícios, meditar, usar fio dental, perdoar é um bom hábito, mas exige esforço para ser colocado em prática. O que me ajudou a seguir em frente foi entender que eu estava fazendo tudo por mim, para o meu bem. Vi que quando a Kraft Heinz perdeu US$16 bilhões de seu valor de mercado em um dia, a intenção de seus controladores não era me atingir. Eu apenas estava ao lado errado do balcão. Provavelmente Lemann e Buffett foram os que mais perderam dinheiro, embora a preocupação deles não seja pagar a hipoteca.

Também fui capaz de reconhecer a pressão que a gestão da empresa estava sofrendo do conselho, dos acionistas, do mercado financeiro e dos funcionários. Talvez essa enorme busca por resultados os tenha levado a tomar decisões equivocadas. Novamente, não significa irresponsabilidade, afinal, é por isso que eles ganham muito dinheiro. Mas eu pude vê-los como seres humanos suscetíveis ao erro.

Ainda acredito que o banco era ganancioso e que meus consultores financeiros não estavam bem-intencionados. Mas também consegui ter uma certa empatia e entender a enorme cobrança pelas metas e bônus. **Os incentivos importam muito.** Charlie Munger já dizia: "mostre-me o incentivo e eu lhe mostrarei o resultado". Até posso acreditar que eles não me deram aquela recomendação de investimento com o objetivo de me ferrar. No entanto, isso não significa que foi certo o que eles fizeram.

Eles ainda estão sujeitos às regulações do mercado e têm o dever fiduciário de proteger seus clientes. Significa apenas que decidi não dar mais energia a eles.

No entanto, a pessoa mais difícil de perdoar foi a mim mesmo. Em grande medida porque, na minha imaginação, eu tentava sem sucesso buscar o perdão dos meus filhos. Com o tempo fui aprendendo a controlar esses pensamentos e espero que o amor que eu tenha dado a eles seja mais importante do que esse episódio. Ainda convivo com esses fantasmas. Por mais que eu queira, não vou conseguir apagar meus erros, apenas conviver com eles. A ferida vai fechar, mas vou me lembrar dela sempre que eu olhar para a cicatriz.

Para conseguir perdoar, precisei exercer minha empatia. Não tenho certeza de como eu costumava expressar empatia antes desse grande choque. Talvez eu fosse um idiota e também subestimasse os sentimentos das pessoas, dizendo a elas para "levantar, tirar a poeira e se mexer". Ou talvez eu fosse um cara legal, bom ouvinte e atencioso. Não sei dizer como eu era porque eu não estava atento a isso, ou se passei a ficar mais empático depois de tudo que aconteceu. Hoje escuto atentamente e tento confortar a quem precisa de todas as maneiras que posso. Tenho um olhar mais generoso ao problema do outro.

> **TENHO UM OLHAR MAIS GENEROSO AO PROBLEMA DO OUTRO.**

Lendo os livros de Brené Brown[2], entendi que é dessa forma que conseguimos desenvolver nossa empatia. Precisamos ser capazes de ver o mundo com os olhos dos outros e ser imparciais. Às vezes, somos muito

2 BROWN, Brené. **A arte da imperfeição:** Abandone a pessoa que você acha que deve ser e seja você mesmo. 1ª edição. Rio de Janeiro: Sextante, 2020.

_______. **A arte da imperfeição:** Abandone a pessoa que você acha que deve ser e seja você mesmo. 3ª edição. Rio de Janeiro: Best Seller, 2021.

_______. **A coragem de ser imperfeito:** Como aceitar a própria vulnerabilidade, vencer a vergonha e ousar ser quem você é. 1ª edição. Rio de Janeiro: Sextante, 2016.

_______. **A coragem para liderar:** Trabalho duro, conversas difíceis, corações plenos. 13ª edição. Rio de Janeiro: Best Seller, 2019.

_______. **Mais forte do que nunca:** Caia. Levante-se. Tente outra vez. 1ª edição. Rio de Janeiro: Sextante, 2016.

_______. **Eu achava que isso só acontecia comigo:** Como combater a cultura da vergonha e recuperar o poder e a coragem. 1ª edição. Rio de Janeiro: Sextante, 2019.

rápidos em tirar conclusões dizendo "eu não acredito que ela fez isso" sem saber as razões e a história por trás dessa decisão. Aprendi que o melhor a fazer é ser respeitoso e tentar compreender em vez de julgar. Não devemos invalidar a experiência do outro ou fazer comentários que possam fazer as pessoas se sentirem erradas. Frases como "isso não é nada", "pelo menos você..." ou "poderia ser pior..." não ajudam.

Na maioria das vezes, é muito difícil encontrar as palavras para confortar alguém. Entendendo isso, quando alguém compartilha algo difícil comigo, em vez de tentar procurar algo reconfortante e inteligente para dizer, eu apenas escuto, dou um abraço, digo que sinto muito e que estou ali para ouvi-lo e ajudá-lo no que precisar. Faço isso sempre, pois empatia é como um músculo, você perde se não a usar.

Uma nova perspectiva sobre o trabalho

Minha relação com o trabalho mudou. Antes ele ocupava o centro da vida e todas as minhas decisões eram tomadas para o bem da minha carreira: onde eu morava, o que eu fazia, as pessoas com quem convivia. Eu gravitava em torno do trabalho. Hoje não mais. O trabalho se tornou mais um elemento do meu sistema solar. Eu tenho o meu trabalho, mas eu tenho também a minha vida pessoal, meus *hobbies* e projetos paralelos que comecei a empreender. Procuro me olhar de uma maneira mais holística e aprendi o valor da diversificação financeira e emocional.

Até perder dois milhões de dólares, eu buscava desafios somente dentro da empresa, estava sempre pedindo mais projetos para ganhar visibilidade e crescer. Eu fiquei tanto tempo sonhando o sonho dos outros que eu não sabia mais como era sonhar sozinho. Eu queria fazer a melhor companhia de bebidas do mundo e depois a maior empresa de alimentos do mundo. Não existia o sonho do Juliano, mas de um grupo. Hoje eu faço parte do sonho de uma empresa, eu sei que posso contribuir, mas eu também posso ter os meus objetivos e conquistas em paralelo, sem comprometer o resto. E isso tem me trazido muita realização.

> **"EU FIQUEI TANTO TEMPO SONHANDO O SONHO DOS OUTROS QUE EU NÃO SABIA MAIS COMO ERA SONHAR SOZINHO."**

Criei um podcast e canal no YouTube para entrevistar brasileiros que conseguiram sucesso em terras estrangeiras. Batizado de "ImiGrandes", o projeto trouxe pessoas que empreenderam fora do Brasil. Com ele, conheci figuras incríveis que inspiraram a mim e aos ouvintes a correrem atrás dos objetivos, e realizá-los superando as dificuldades. Também dei minha parcela de contribuição ao aumentar um pouco a visibilidade de empresas e empreendedores que têm se destacado pelo mundo afora e criei uma comunidade de apoio ao brasileiro no exterior. O podcast foi uma forma que encontrei de retribuir o que aprendi, dividindo conhecimento e inspirando as pessoas.

"ImiGrandes" foi um *hobby* que durou quase um ano e meio e conheci sessenta pessoas incríveis. No entanto, em julho de 2023, precisei fazer uma pausa nesse projeto. Em mais uma das várias voltas que a vida dá, precisei fazer mais uma mudança profissional. Após três anos na Accenture, recebi uma proposta superinteressante para liderar uma equipe na Phillips 66, uma gigante no setor de energia com receitas de US$176 bilhões, que ocupa o lugar de número 17 no *ranking* da Fortune 500. Esse projeto demandaria todo meu foco e determinação para ser bem executado. A pausa no podcast foi mais um aprendizado: eu posso mudar de opinião e está tudo bem.

O ativo mais valioso do mundo

> **O TEMPO É O PRINCIPAL FATOR DE DIFERENCIAÇÃO QUANDO SE FALA EM ACUMULAÇÃO DE RIQUEZAS.**

Nas minhas conversas com os chefes 11, chefe 12 e com o Sr. C-level, eles me diziam que, ao menos, eu tinha tempo para recuperar minhas perdas. Aquela afirmação era uma das mais dolorosas que eu ouvi naquele tempo. O tempo é o principal fator de diferenciação quando se fala em acumulação de riquezas. Na fórmula de juros compostos, ele é a exponencial.

Voltemos ao exemplo de Warren Buffett, que é um dos investidores mais celebrados dos nossos tempos. Muito se diz e se escreve sobre seus métodos, mas um aspecto que é frequentemente deixado de lado é que ele começou a investir aos treze anos e teve uma performance espetacular por mais de 75 anos. De acordo com a Forbes[3], em março de 2022, Buffett estava com 91 anos e tinha uma riqueza acumulada de US$117 bilhões.

3 Site de consulta: <www.forbes.com/profile/warren-buffett/?list=billionaires&sh=6cf1c6024639>.

> É MUITO COMPLICADO ANALISAR O PASSADO COM OS OLHOS DO PRESENTE.

No entanto, ele atingiu seu primeiro bilhão aos 56 anos. O que é mais surpreendente, 99% da sua riqueza foi ganha após ele completar 50 anos. Isso não tira o mérito de ele ser um investidor sensacional, mas o tempo jogou a seu favor.

Do meu lado, eu fazia minhas reflexões sobre o aspecto intangível do tempo. Valeu a pena estar tão longe de casa, ter perdido reuniões na escola dos meus filhos, ter trocado o aniversário de 50 anos do meu pai para ficar ajustando planilhas e fazendo *powerpoint*? Essas perguntas não têm resposta. Se eu não tivesse feito o que fiz, talvez eu não tivesse conquistado o que conquistei. É muito complicado analisar o passado com os olhos do presente.

No entanto, meu aprendizado sobre o tempo veio de Buddha. Quando perguntado qual o maior erro que a gente comete na vida, ele respondeu: "o maior erro é você achar que tem tempo". O tempo é grátis, mas não tem preço. Você não é dono dele, mas pode usá-lo. Cuide para gastá-lo bem, porque uma vez perdido, você nunca vai tê-lo de volta. Nenhuma quantidade de dinheiro consegue comprar um segundo de tempo.

Inspira, expira

Demorou para que eu aprendesse a usar esses novos músculos que a vida estava me apresentando: gratidão, perdão e empatia. Quando estamos soterrados na lama, é difícil praticar as coisas boas. Quando estava profundamente deprimido, cercado de vergonha e culpa, não queria pedir ajuda. Eu pensava que poderia passar por tudo na base da força bruta, empurrando e endurecendo. Estava tentando sair daquela situação o mais rápido que podia. Dizia a mim mesmo: "Pare de choramingar. Você tem feito isso por um tempo e é hora de mudar. Você não tem mais tempo a perder. Você tem que reconstruir tudo". Eu odiava e desprezava qualquer um que estivesse remotamente envolvido com meu desastre financeiro. A luz que eu estava lançando sobre meus fracassos era tão brilhante que me deixou cego para ver as bênçãos que eu tinha.

> A LUZ QUE EU ESTAVA LANÇANDO SOBRE MEUS FRACASSOS ERA TÃO BRILHANTE QUE ME DEIXOU CEGO PARA VER AS BÊNÇÃOS QUE EU TINHA.

Qualquer coisa me tirava do sério. Se eu tivesse uma discussão com meu chefe no trabalho, ficava irritado e me culpava por ter investido muito, tanto financeiramente quanto mentalmente, na empresa. Se meus amigos viajassem para algum lugar e me convidavam, eu ficava envergonhado por não ter condições de ir e não poder dizer por quê. Isso é verdade para a maioria das pessoas que sofrem qualquer tipo de trauma: físico, emocional, financeiro etc. Um evento desencadeia uma resposta. Ser feito prisioneiro desencadeia desamparo, estar apegado desencadeia medo ou agressão, ser elogiado desencadeia felicidade. Mas se pensarmos sobre isso, não é o evento em si que desencadeia nossa resposta, é nossa mente. É o que fazemos dele.

O processo de aceitação da minha nova realidade levou tempo. Não só tive que recorrer às coisas que conhecia, como intenção, compromisso e perseverança, mas tive que acordar para um nível totalmente novo de consciência. A meditação foi o que me ajudou nesse processo, me ensinou muitas coisas, por exemplo, como administrar minhas emoções. Sou um meditador novato, mas os 15 minutos diários, em que eu me sento no chão, lutando com minha mente ocupada enquanto tento controlar minha respiração, me fizeram entender que estava deixando minhas emoções negativas me conduzirem. Toda aquela ansiedade, culpa e raiva estavam focando minha atenção em minhas perdas, fracassos, incertezas e piores cenários.

A outra coisa que aprendi ao meditar é prestar atenção à lacuna. Respirar é a coisa mais automática que fazemos. Não sei quanto às outras pessoas, mas pelo menos para mim, nunca havia pensado no espaço entre a inspiração e a expiração. Quando aprendi a desacelerar, parar e prestar atenção, percebi que é nessa pequena lacuna que podemos fazer uma escolha diferente.

Como disse Viktor Frankl: "Entre um estímulo e uma resposta há um espaço. Nesse espaço está nosso poder de escolher nossa resposta. Na nossa resposta está o nosso crescimento e a nossa liberdade. A última das liberdades humanas é escolher sua atitude em qualquer conjunto de circunstâncias".

> **ENTRE UM ESTÍMULO E UMA RESPOSTA HÁ UM ESPAÇO. NESSE ESPAÇO ESTÁ NOSSO PODER DE ESCOLHER NOSSA RESPOSTA.**

Agora, em vez de reagir rapidamente ao que me acontece, ou ao que alguém me diz, procuro o espaço. Eu me observo e tento identificar os gatilhos. Se estou procurando um pote de sorvete, é porque estou frustrado com algo no trabalho? Quando procrastino para fazer uma tarefa, é porque sinto que estou cobrindo a folga de outra pessoa e sinto que isso não é justo. Compreender a raiz de minhas frustrações – seja significado, certeza, status, conexão, justiça – me ajuda a ficar com os pés no chão e reagir de uma maneira mais positiva.

Aproveitar a lacuna também me dá a chance de mudar meus pensamentos. Em vez de me concentrar demais nas coisas ruins, tento me lembrar dos sucessos que tive, considerar as melhores possibilidades e focar nas minhas habilidades para resolver algum problema.

Essa técnica de "pense isso, não aquilo" não é uma psicologia de autoajuda. O que acontece com nossa saúde mental é o mesmo que acontece com nossa saúde física. Como diz a máxima "você é o que você come", se você tem uma dieta pobre, recheada de pizza, hambúrguer e sorvete, não deve se surpreender ou decepcionar ao subir na balança. Por que seria diferente com nossas mentes? Se é lixo que entra, é lixo que sai. Se continuarmos nos chamando de perdedores e fracassados, logo vamos acreditar que de fato somos um grande fracasso. Por isso, precisamos alimentar a mente com pensamentos positivos. Não estou dizendo para ignorar a realidade ou incentivando a positividade tóxica. O que precisamos fazer é ficar atentos e encontrar alternativas.

É como a história que o velho Cherokee ensina ao seu neto: "Está acontecendo uma briga dentro de mim", diz ele ao menino. "É uma luta terrível entre dois lobos. Um é a raiva, inveja, tristeza, arrependimento, ganância, arrogância, autopiedade, culpa, ressentimento, inferioridade, mentiras, falso orgulho, superioridade e ego. O outro é alegria, paz, amor, esperança, serenidade, humildade, bondade, benevolência, empatia, generosidade, verdade, compaixão e fé. A mesma luta está acontecendo dentro de você – e dentro de todas as outras pessoas também". Seu neto pensou por um minuto e então perguntou: "Qual lobo vai ganhar?". O velho Cherokee simplesmente respondeu: "Aquele que você alimentar".

Levei tempo para entender essa lição e acredito que ainda estou aprendendo. Hoje estou bem. Consegui superar a depressão, retomei minha vida, meu convívio familiar e minha carreira, mas não atingi um estágio zen budista, que me deixa blindado. Esse episódio da minha vida não causou uma mudança extremamente radical. Não me mudei para o Nepal, nem comecei uma fundação para dar educação financeira às pessoas ou inventei algum aplicativo mirabolante. As mudanças são estruturais, internas e talvez imperceptíveis para quem olha de fora. Continuo sendo humano, com problemas do mundo real. Tenho contas para pagar, dilemas no trabalho e carreira, dois filhos para mandar para a universidade e me preocupo com o bem-estar da minha família no futuro. Ainda enfrento minhas crises existenciais, a diferença é que agora tenho mais autoconhecimento, que me ajudou a passar pela tempestade e seguir em frente.

Estar mais consciente dos meus pensamentos e entender meus preconceitos e meus vieses me ajudou a perceber que há muitas formas de ganhar dinheiro, mas apenas uma maneira de perdê-lo: não controlando a mente.

"QUE HÁ MUITAS FORMAS DE GANHAR DINHEIRO, MAS APENAS UMA MANEIRA DE PERDÊ-LO: NÃO CONTROLANDO A MENTE."

PONTOS DE AÇÃO

☑ **Pratique a gratidão:** Comece um diário de gratidão e escreva diariamente, pelo menos, três coisas pelas quais você é grato. Isso ajuda a mudar sua perspectiva e aumentar seu bem-estar psicológico.

☑ **Ofereça-se como voluntário:** Envolva-se em atividades de voluntariado. Ajudar os outros pode proporcionar uma nova perspectiva sobre sua própria vida e seus desafios.

☑ **Assuma a responsabilidade:** Em vez de perguntar "por que comigo?", aceite sua responsabilidade pelos eventos da sua vida e foque em ações concretas para superar os desafios.

☑ **Invista em seu desenvolvimento pessoal:** Aproveite o período de reconstrução para adquirir novas habilidades e conhecimentos que possam ser úteis no futuro.

☑ **Mantenha a positividade e a esperança:** Acredite que é possível superar as dificuldades e sair mais forte. O otimismo pode ser uma poderosa ferramenta de reconstrução. Isto também vai passar.

PARA REFLETIR

1. **Quais lições você aprendeu com os momentos mais desafiadores da sua vida?**

....

2. **Como você pode usar suas experiências passadas para construir um futuro melhor?**

....

3. **O que você faz para manter a esperança e a positividade em tempos difíceis?**

....

4. **O que você faria se tivesse que começar do zero de novo?**

....

ME DÁ O GABARITO, GAROTO!

> **O TEMPO É O BEM MAIS PRECIOSO QUE TEMOS.**

Ao longo de uma década na Ambev, perdi a conta de quantas vezes ouvi a mesma frase. Ela surgia quando um executivo, sem tempo ou entediado com alguma apresentação, pedia para irmos "direto ao ponto" e darmos o "gabarito". Esse é um aprendizado valioso do mundo corporativo.

Na escola, somos ensinados a escrever redações longas e recompensados pelo número de páginas. No mundo real, somos valorizados pela capacidade de condensar o máximo de conteúdo no menor tempo possível. É o famoso pitch de elevador. Por isso, decidi incluir um resumo dos conceitos apresentados ao longo do livro. Afinal, o tempo é o bem mais precioso que temos.

Conceitos	Definição	Como se proteger
Viés de Confirmação	Tendência a buscar, interpretar e lembrar informações que confirmam nossas crenças preexistentes, ignorando evidências contrárias.	☑ Deliberadamente procurar informações que desafiem suas crenças. ☑ Buscar opiniões diversas e críticas construtivas. ☑ Utilizar ferramentas ou processos que promovam a análise objetiva dos dados.
Viés da Negatividade	Tendência a dar mais peso a experiências negativas do que a positivas.	☑ Praticar a gratidão e manter um diário de eventos positivos. ☑ Conscientizar-se de que as experiências negativas são normais e, muitas vezes, superáveis. ☑ Equilibrar a perspectiva, focando também nas realizações e progressos.
Viés de Retrospectiva	Tendência a ver eventos passados como mais previsíveis do que realmente eram.	☑ Registrar previsões e expectativas antes dos eventos acontecerem. ☑ Revisar essas previsões após os eventos para avaliar a precisão e ajustar o entendimento. ☑ Manter uma mentalidade aberta sobre a incerteza dos eventos futuros.
Viés de Disponibilidade	Tendência a superestimar a probabilidade de eventos com base na facilidade com que exemplos vêm à mente.	☑ Basear decisões em dados e estatísticas concretas ao invés de exemplos anedóticos. ☑ Verificar fontes de informação e evitar depender exclusivamente de lembranças pessoais.
Viés do Excesso de Confiança	Tendência a confiar excessivamente em nossas próprias habilidades e julgamentos.	☑ Buscar feedback e avaliações externas sobre decisões importantes. ☑ Reconhecer e aceitar a possibilidade de erro. ☑ Praticar a humildade intelectual, entendendo que ninguém sabe tudo.

(Continua)

Conceitos	Definição	Como se proteger
Viés de Memória Seletiva	Tendência a lembrar-se apenas de informações que são consistentes com nossas crenças ou sentimentos atuais.	☑ Manter registros detalhados e objetivos de eventos importantes. ☑ Revisitar informações e eventos regularmente para avaliar se as memórias mudaram. ☑ Solicitar perspectivas externas para balancear suas memórias.
Viés do Medo de Perder	Tendência a preferir evitar perdas em vez de adquirir ganhos equivalentes.	☑ Considerar as decisões de forma equilibrada, pesando tanto os ganhos potenciais quanto as perdas. ☑ Reconhecer que o medo de perder pode distorcer a avaliação de riscos e oportunidades. ☑ Utilizar técnicas de análise de risco para decisões importantes.
Viés de Atenção Seletiva	Tendência a focar apenas em certos aspectos da informação, ignorando outros que também podem ser relevantes.	☑ Ampliar o foco de atenção deliberadamente para incluir diferentes aspectos de uma situação. ☑ Utilizar listas de verificação e critérios objetivos para avaliar informações. ☑ Buscar múltiplas fontes de informação para uma visão mais completa.
Viés do Sobrevivente	Tendência a focar em exemplos de sucesso sem considerar aqueles que fracassaram.	☑ Investigar tanto os casos de sucesso quanto os de fracasso para obter uma visão balanceada. ☑ Analisar a taxa de sobrevivência em conjunto com a taxa de falha. ☑ Considerar a viabilidade das alternativas baseando-se em uma amostra representativa.

(Continua)

Conceitos	Definição	Como se proteger
Viés dos Custos Afundados	Tendência a continuar investindo em um projeto devido ao investimento já realizado, independentemente de sua viabilidade futura.	☑ Avaliar decisões futuras com base em perspectivas de custo-benefício, ignorando investimentos passados. ☑ Estar disposto a abandonar projetos não viáveis, mesmo que já tenha sido investido tempo ou recursos significativos. ☑ Realizar análises periódicas de viabilidade e reavaliar os investimentos.
Regra Pico-Fim	Tendência a julgar uma experiência com base em como ela foi no seu pico (momento de maior intensidade) e no final, ao invés da média de todos os momentos.	☑ Analisar a experiência como um todo, considerando todos os momentos importantes. ☑ Refletir sobre a experiência de forma detalhada e não apenas em seus pontos extremos. ☑ Realizar avaliações contínuas durante a experiência para manter uma visão equilibrada.
Sistema 1 e Sistema 2	Sistema 1 é rápido e intuitivo, enquanto o Sistema 2 é lento e deliberado.	☑ Reconhecer quando cada sistema está em operação e a adequação para a tarefa em questão. ☑ Para decisões importantes, dar preferência ao Sistema 2, que é mais analítico. ☑ Praticar o pensamento crítico e a análise deliberada para melhorar a precisão das decisões.
Teoria do Prospecto	Descreve como as pessoas fazem escolhas diante de alternativas que envolvem risco, destacando a aversão a perdas.	☑ Conscientizar-se das distorções causadas pela aversão a perdas. ☑ Utilizar métodos de tomada de decisão que ponderem tanto os riscos quanto os benefícios. ☑ Treinar a mentalidade para considerar riscos e recompensas de forma equilibrada.

(Continua)

Conceitos	Definição	Como se proteger
Viés de Familiaridade	Tendência a preferir coisas que são familiares em vez de novas ou desconhecidas.	☑ Deliberadamente buscar novas experiências e informações. ☑ Equilibrar a familiaridade com a inovação e a novidade. ☑ Desafiar-se a sair da zona de conforto regularmente.
Supposed Irrelevant Factor (SIF) ou Fator Supostamente Irrelevante (SIF)	Tendência a ser influenciado por fatores que deveriam ser irrelevantes para a decisão.	☑ Identificar e ignorar fatores irrelevantes durante o processo de decisão. ☑ Focar nos critérios de decisão que são diretamente relevantes para o objetivo. ☑ Revisar decisões anteriores para aprender a reconhecer e evitar esses fatores.
Efeito Halo	Tendência a permitir que uma impressão positiva (ou negativa) em uma área influencie opiniões em outras áreas.	☑ Separar as avaliações de diferentes atributos de uma pessoa ou situação. ☑ Utilizar critérios objetivos e específicos para cada aspecto da avaliação. ☑ Buscar feedback de diversas fontes para uma visão mais equilibrada.
Nudging (Empurrão)	Estratégia que usa sugestões indiretas para influenciar o comportamento e a tomada de decisões.	☑ Ser consciente das influências ambientais e sociais sobre suas decisões. ☑ Deliberadamente questionar e analisar as escolhas oferecidas. ☑ Buscar informações adicionais e considerar alternativas antes de tomar uma decisão.
Efeito de Enquadramento	Tendência a ser influenciado pela forma como uma questão é apresentada.	☑ Reformular a questão em múltiplas maneiras para entender diferentes perspectivas. ☑ Considerar o conteúdo subjacente sem se deixar levar pela apresentação. ☑ Buscar uma compreensão clara dos fatos antes de tomar decisões.

(Continua)

Conceitos	Definição	Como se proteger
Aversão à Perda	Tendência a preferir evitar perdas em vez de adquirir ganhos equivalentes.	☑ Adotar uma abordagem equilibrada para avaliar riscos e recompensas. ☑ Treinar a mentalidade para aceitar perdas como parte do processo de decisão. ☑ Utilizar técnicas de análise de risco para uma avaliação mais precisa.
Cisne Negro	Eventos raros e imprevisíveis que têm grandes impactos.	☑ Diversificar investimentos e estratégias para mitigar riscos. ☑ Manter uma reserva para lidar com eventos inesperados. ☑ Planejar para a incerteza, reconhecendo que eventos improváveis podem ocorrer.
Viés de Ancoragem	Tendência a depender demais da primeira informação recebida (a "âncora") ao tomar decisões.	☑ Deliberadamente buscar informações adicionais e alternativas. ☑ Questionar a relevância da âncora inicial e considerar outros pontos de referência. ☑ Praticar a revisão e o ajuste das decisões com base em novas informações.
Efeito de Dotação	Tendência a valorizar mais o que possuímos em comparação ao que não possuímos	☑ Avaliar objetos e posses de forma objetiva, independentemente da propriedade. ☑ Considerar a utilidade e o valor real dos itens ao tomar decisões de manter ou descartar. ☑ Buscar opiniões externas para uma avaliação mais imparcial.
Dissonância Cognitiva	Desconforto mental causado por informações conflitantes, levando à justificativa ou à mudança de crenças.	☑ Aceitar a possibilidade de estar errado e buscar a verdade, mesmo que desconfortável. ☑ Manter a mente aberta para novas informações e perspectivas. ☑ Refletir e reavaliar regularmente suas crenças e decisões.

(Continua)

Conceitos	Definição	Como se proteger
Negligência de Probabilidade	Tendência a ignorar a probabilidade real de eventos ao tomar decisões.	☑ Utilizar estatísticas e probabilidades reais para basear decisões. ☑ Conscientizar-se das distorções emocionais que afetam a percepção de risco. ☑ Buscar a opinião de especialistas em probabilidade e risco.
Viés de Grupo	Tendência a adotar opiniões e comportamentos do grupo, mesmo que estejam errados.	☑ Promover a diversidade de opiniões e encorajar o pensamento crítico. ☑ Estabelecer uma cultura de questionamento e debate saudável. ☑ Buscar feedback de fontes externas ao grupo para balancear a perspectiva.
Álgebra de Dissuasão	A probabilidade de ser pego e a severidade da pena influenciam a decisão de cometer ou não um ato ilegal.	☑ Implementar políticas e medidas que aumentem a percepção de risco e a severidade das consequências para atos ilícitos. ☑ Promover a transparência e a aplicação consistente das regras. ☑ Educar sobre as consequências legais e sociais das ações.
Efeito Dunning-Kruger	Tendência dos indivíduos menos competentes superestimarem suas habilidades.	☑ Buscar feedback honesto e construtivo de colegas e mentores. ☑ Reconhecer as próprias limitações e investir em desenvolvimento pessoal e profissional. ☑ Encorajar uma cultura de aprendizado contínuo e humildade intelectual.
Profecia Autorrealizável	Expectativas sobre um evento podem influenciar comportamentos que levam a realizar essas expectativas.	☑ Conscientizar-se das influências das expectativas nas ações. ☑ Estabelecer expectativas realistas e baseadas em dados concretos. ☑ Revisar regularmente as expectativas e ajustá-las conforme necessário.

(Continua)

Conceitos	Definição	Como se proteger
Ilusão de Validade	Tendência a superestimar a precisão de nossas previsões e julgamentos.	☑ Verificar previsões e julgamentos contra dados reais e objetivos. ☑ Manter um ceticismo saudável sobre a capacidade de prever o futuro. ☑ Encorajar a validação e a revisão contínua das suposições.
Desconto Hiperbólico	Tendência a preferir recompensas imediatas a recompensas futuras maiores.	☑ Praticar o planejamento a longo prazo e definir metas claras. ☑ Implementar mecanismos que incentivem a poupança e o investimento para o futuro. ☑ Refletir sobre as consequências a longo prazo das decisões imediatas.

AGRADECIMENTOS

Escrever este livro foi um dos maiores desafios da minha vida, mas também uma das experiências mais gratificantes. Revisitar um capítulo doloroso da minha história foi difícil, mas esse mergulho profundo nas minhas emoções revelou habilidades que eu desconhecia ou que estavam adormecidas.

Não teria sido possível sem o apoio de muitas pessoas ao longo do caminho. Renata merece uma menção especial, não apenas por ter enfrentado tudo ao meu lado, mas por me encorajar a compartilhar nossa história.

Aprendi a importância de buscar ajuda. Como estreante na escrita, contei com o suporte de quem pudesse me ensinar, orientar e desafiar. Meu profundo agradecimento a Cynthia Morris, Silvia Balieiro e Vanessa Ferrari, por me ajudarem a estruturar minhas ideias e desafiar cada palavra que hoje está no papel.

Outro aprendizado foi estar aberto a diversas opiniões. Sou grato aos meus "leitores beta", que leram o livro em suas várias versões e me deram feedback valioso. Agradeço especialmente ao Gustavo Albuquerque, ao Milton Seligman, ao Jorge Azevedo, ao Bernardo Santana, ao Flavio Mizuzaki, ao Gabriel Sousa, a Ana Paula Baccan, ao George Dan e a Tatiana Pimenta.

Antes de decidir publicar, tive muito medo: do julgamento, da exposição, das possíveis consequências. Minha terapeuta, Miriam Tassinari, foi fundamental para que eu pudesse enfrentar esses receios.

Ariane Abdallah teve um papel essencial para que este projeto se tornasse realidade. Sou imensamente grato pelo incentivo e pelas portas que a Ari me abriu.

Encontrar alguém disposto a publicar também não foi fácil. Aprendi a lidar com a rejeição até finalmente receber um "sim" de J.A. Ruggeri. Às vezes, tudo que precisamos é de um "sim".

Por último, mas não menos importante, agradeço ao Lucas e a Bia por fazerem parte da minha vida. Estar perto de vocês já é tudo.

REFERÊNCIAS BIBLIOGRÁFICAS

Durante meu processo de recuperação e enquanto estudava para entender os meus erros, li diversos autores. Alguns citei ao longo do livro, outros apenas usei como aprendizado. Compartilho todos aqui para os que também quiserem mergulhar no mundo da economia comportamental, psicologia e autodesenvolvimento.

ABDALLAH, Ariane. **De um gole só: A história da Ambev e a criação da maior cervejaria do mundo.** 1ª edição. São Paulo: Portfolio-Penguin, 2019.

ARIELY, Dan. **Previsivelmente irracional: As forças invisíveis que nos levam a tomar decisões erradas.** 1ª edição. Rio de Janeiro: Sextante, 2020.

ARIELY, Dan; KREISLER, Jeff. **A psicologia do dinheiro: Descubra como as emoções influenciam nossas escolhas financeiras e aprenda a tomar decisões mais inteligentes.** 1ª edição. Rio de Janeiro: Sextante, 2019.

BROOKS, David. **A estrada para o caráter.** 1ª edição. Rio de Janeiro: Alta Life, 2019.

BROOKS, David. **A segunda montanha: A busca por uma vida moral.** 1ª edição. Rio de Janeiro: Alta Life, 2019.

BROWN, Brené. **A coragem de ser imperfeito: Como aceitar a própria vulnerabilidade, vencer a vergonha e ousar ser quem você é.** 1ª edição. Rio de Janeiro: Sextante, 2016.

BROWN, Brené. **Mais forte do que nunca: Caia. Levante-se. Tente outra vez.** 1ª edição. Rio de Janeiro: Sextante, 2016.

______. **A coragem para liderar: Trabalho duro, conversas difíceis, corações plenos.** 13ª edição. Rio de Janeiro: Best Seller, 2019.

______. **Eu achava que isso só acontecia comigo: Como combater a cultura da vergonha e recuperar o poder e a coragem.** 1ª edição. Rio de Janeiro: Sextante, 2019.

_____. **A arte da imperfeição: Abandone a pessoa que você acha que deve ser e seja você mesmo.** 1ª edição. Rio de Janeiro: Sextante, 2020.

______. **The Gifts of Imperfection: 10th Anniversary Edition: Features a New Foreword and Brand-New Tools.** 1ª edição. Estados Unidos: Random House, 2020.

______. **A coragem de ser você mesmo.** 3ª edição. Rio de Janeiro: Best Seller, 2021.

BURNS, David D. **Antidepressão: A revolucionária terapia do bem-estar.** 1ª edição. São Paulo: Cienbook, 2017.

CHÖDRÖN, Pema. **Quando tudo se desfaz: Orientação para tempos difíceis.** 4ª edição. Rio de Janeiro: Gryphus, 2012.

COLLINS, Jim; PORRAS, Jerry I. **Feitas para durar: Práticas bem-sucedidas de empresas visionárias.** 1ª edição. Rio de Janeiro: Alta Books, 2020.

CORREA, Cristiane. **Sonho Grande: Como Jorge Paulo Lemann, Marcel Telles e Beto Sicupira revolucionaram o capitalismo brasileiro e conquistaram o mundo.** 1ª edição. Rio de Janeiro: Sextante, 2013.

FRANKL, Viktor E. **Em busca de sentido: Um psicólogo no campo de concentração.** 1ª edição. Petrópolis: Vozes, 1991.

GALLOWAY, Scott. **A álgebra da felicidade: notas sobre a busca por sucesso, amor e significado.** 1ª edição. Rio de Janeiro: Alta Life, 2020.

GILBERT, Daniel. **O que nos faz felizes. O futuro nem sempre é o que imaginamos.** 1ª edição. São Paulo: Campus, 2006.

HAAS, Michaela. **Bouncing Forward: The Art and Science of Cultivating Resilience.** 1ª edição. Atria/Enliven Books, 2015.

HANH, Thich N. **A essência dos ensinamentos de Buda: Transformando o sofrimento em paz, alegria e libertação.** 1ª edição. Petrópolis: Vozes, 2019.

HOUSEL, Morgan. **A Psicologia financeira: lições atemporais sobre fortuna, ganância e felicidade.** 1ª edição. Rio de Janeiro: HarperCollins, 2021.

KAHNEMAN, Daniel. **Rápido e devagar: Duas formas de pensar.** 1ª edição. São Paulo: Objetiva, 2012.

KAHNEMAN, Daniel; SIBONY, Olivier; SUNSTEIN, Cass R. **Ruído: Uma falha no julgamento humano.** 1ª edição. São Paulo: Objetiva, 2021.

KESSLER, David. **Finding Meaning: The Sixth Stage of Grief.** Estados Unidos: Scribner, 2019.

KIYOSAKI, Robert; LECHTER, Sharon. **Pai rico, pai pobre.** 1ª edição. Rio de Janeiro: Elsevier, 2000.

KÜBLER-ROSS, Elisabeth. **Sobre a morte e o morrer: O que os doentes terminais têm para ensinar a médicos, enfermeiras, religiosos e aos seus próprios parentes.** 10ª edição. São Paulo: WMF Martins Fontes, 2017.

MANSON, Mark. **A sutil arte de ligar o f*da-se: Uma estratégia inusitada para uma vida melhor.** 1ª edição. Rio de Janeiro: Intrínseca, 2017.

MANSON, Mark. **F*deu geral: Um livro sobre esperança?** 1ª edição. Rio de Janeiro: Intrínseca, 2019.

PAUL, Jim; MOYNIHAN, Brendan. **What I Learned Losing a Million Dollars.** 1ª edição. Estados Unidos: Columbia University Press, 2013.

PECK, M. Scott. **O caminho menos percorrido: Uma nova psicologia do amor, dos valores tradicionais e do desenvolvimento espiritual.** 1ª edição. Portugal: Editorial Presença, 2018.

RAMSEY, Dave. **A transformação total do seu dinheiro: Um plano eficaz para alcançar o bem-estar financeiro.** 1ª edição. Campinas: Auster, 2021.

ROSENZWEIG, Phil. **O efeito halo: ...e outros oito delírios empresariais que enganam os gestores.** 1ª edição. Rio de Janeiro: Alta Books, 2021.

SOLOMON, Andrew. **O demônio do meio-dia: Uma anatomia da depressão.** Edição Econômica, 2018.

STANLEY, Thomas J.; DANKO, William D. **O milionário mora ao lado: Os surpreendentes segredos dos ricaços americanos.** 1ª edição. São Paulo: Editora Manole, 1999.

TALEB, Nassim N. **A lógica do cisne negro: O impacto do altamente improvável.** 19ª edição. Rio de Janeiro: Best Seller, 2008.

_____. **Arriscando a própria pele: Assimetrias ocultas no cotidiano.** 1ª edição. São Paulo: Objetiva, 2018.

TALEB, Nassim N. **Iludidos pelo acaso: A influência da sorte nos mercados e na vida.** 1ª edição. São Paulo: Objetiva, 2019.

THALER, Richard H; SUNSTEIN, Cass R. **Nudge: Como tomar melhores decisões sobre saúde, dinheiro e felicidade.** 1ª Edição. São Paulo: Objetiva, 2019.

THALER, Richard. **Misbehaving: A construção da economia comportamental.** 1ª edição. Rio de Janeiro: Intrínseca, 2019.

Outras leituras

ARIELY, Dan. Large Stakes and Big Mistakes: <academic.oup.com/restud/article-abstract/76/2/451/1594205>.

ODEAN, Terrance. Leveraging Overconfidence: <papers.ssrn.com/sol3/papers.cfm?abstract_id=3445660>.

KAHNEMAN, Daniel. High income improves evaluation of life but not emotional well-being: <pnas.org/doi/10.1073/pnas.1011492107>.

KILLINGSWORTH, Matthew A. Experienced well-being rises with income, even above $75,000 per year: <pnas.org/doi/10.1073/pnas.2016976118>.

KRUGER, Justin; DUNNING, David. Unskilled and Unaware of It: How Difficulties in Recognizing One's Own Incompetence Lead to Inflated Self-Assessments. Psychology — Social Sciences & Humanities — Journals — SCIRP.

HOUSEL, Morgan: Other people's mistakes. <www.collaborativefund.com/blog/mistakes/>.

TVERSKY, Amós; KAHNEMAN, Daniel. Advances in Prospect Theory: Cumulative Representation of Uncertainty. Journal of Risk & Uncertainty, 5(4), 297–323.

ACKERMAN, Courtney. Benefits of Gratitude: 28+ Surprising Research Findings <positivepsychology.com/benefits-gratitude-research-questions/>.

Giving thanks can make you happier. <www.health.harvard.edu/healthbeat/giving-thanks-can-make-you-happier>.

Informações sobre a Kraft Heinz

AB InBev Gets Record $75 Billion Loan to Purchase SABMiller <www.bloomberg.com/news/articles/2015-11-11/ab-inbev-gets-record-75-billion-loan-to-buy-sabmiller-a-o-says>.

Kraft Heinz Reports Fourth Quarter and Full Year 2018 Results: <www.businesswire.com/news/home/20190221005988/en/>.

Kraft Heinz Board of Directors Appoints Miguel Patricio Chief Executive Officer Effective July 1, 2019: <www.businesswire.com/news/home/20190422005318/en/>.

Waiver and Consent No. 1 to Credit Agreement, dated as of March 22, 2019, to the Credit Agreement dated as of July 6, 2015, by and among The Kraft Heinz Company, Kraft Heinz Foods Company, the Lenders party thereto, JPMorgan Chase Bank, N.A., as Administrative Agent, and J.P. Morgan Europe Limited, as London agent for the Lenders. <www.sec.gov/Archives/edgar/data/1637459/000119312519083650/d723915d8k.htm>.

Waiver and Consent No. 2 to Credit Agreement, dated as of May 10, 2019, to the Credit Agreement dated as of July 6, 2015, by and among The Kraft Heinz Company, Kraft Heinz Foods Company, the Lenders party thereto, JPMorgan Chase Bank, N.A., as Administrative Agent, and J.P. Morgan Europe Limited, as London agent for the Lenders. <www.sec.gov/Archives/edgar/data/1637459/000119312519144260/d739448d8k.htm>.

Waiver and Consent No. 3 to Credit Agreement, dated as of July 29, 2019, to the Credit Agreement dated as of July 6, 2015, by and among The Kraft Heinz Company, Kraft Heinz Foods Company, the Lenders party thereto and JPMorgan Chase Bank, N.A., as Administrative Agent <www.sec.gov/Archives/edgar/data/1637459/000163745919000061/form8-kwaiverno3.htm>.

ÍNDICE

Impressão e Acabamento | Gráfica Viena
www.graficaviena.com.br